오늘의
뉴스는
맞춤법
입니다

오늘의 뉴스는 맞춤법입니다

박지원 지음
정상은 감수

당신의 교양 있는
언어생활을 위한
정확한 맞춤법 소식

CRETA

추천의 글

퀴즈는 흥미롭습니다. 보는 순간 누구라도 풀고 싶어지니까요. 〈우리말 겨루기〉와 〈KBS 뉴스9〉를 진행하고 있는 박지원 아나운서가 첫 책을 세상에 내놓았습니다. 일상생활에서 헷갈리기 쉬운 단어들을 하나하나 꼼꼼하고 재미있게 비교하며 적어놓았지요. KBS 입사를 위해 한국어능력시험을 준비하며 열심히 공부한 요령까지 우리에게 공유해 줍니다.

이 책을 처음부터 끝까지 다 읽으면 당신은 이제 맞춤법 고수! 세계인의 사랑을 받고 있는 우리말을 더욱더 사랑하게 될 것입니다.

- 이금희(방송인)

들어가는 글

모든 것이 촘촘하게 이어진 초연결 사회에서 우리는 늘 타인과 소통하며 살아가고 있습니다. 출근길에 친구와 메신저로 대화를 나누고 회사에서 보고서를 쓰고, 사내 메신저로 동료들과 의견을 주고받기도 합니다. 집에 돌아와서는 SNS에 오늘 있었던 일을 사진과 함께 글로 써서 올리거나 재미있는 영상을 보다가 댓글을 달기도 하죠. 그야말로 종일 글을 읽고 쓰는 세상이라고 표현해도 과언이 아닙니다.

하지만 바른 표현, 맞춤법의 중요성은 점점 잊히는 듯합니다. 그러다 보니 종종 낯 뜨거운 상황도 벌어지는데요. 다수가 볼 수 있는 곳에 글을 올릴 때 틀린 맞춤법을 사용해 본의 아니게 스스로 맞춤법에 약하다는 걸 드러내는 거죠. 민망함은 틀린 맞춤법을 알아 본 사람의 몫이 되어버립니다. 또 심지어는 맞춤법을 정확하게 지키는 것을 고리타분하게 여기는 분들까지 있더라고요. 전 세계적으로 한국어에 대한 관심은 뜨거운데, 정작 우리말을 소중하게 여기지 않는 것 같아 속상할 때가 많았습니다.

그래서 요즘은 바른 표현을 쓰는 사람이 참 소중하게 느껴집니다. 많이들 틀리는 맞춤법을 정확하게 쓰는 사람을 보면 갑자기 그 사람이 달리 보이더라고요. '이렇게 정확히 쓰다니!' 호감이 급상승하는 거죠. 괜스레 신뢰가 갑니다.

구인구직 플랫폼 '사람인'에서 '자기소개서 맞춤법 실수 평가'에 대해 조사한 적이 있습니다. 인사담당자 88.4%가 맞춤법이 틀린 자기소개서를 부정적으로 평가한다고 답했대요. 그 이유로 '기본적인 역량이 부족한 것 같아서'를 첫 번째로 꼽았다고 합니다. 이렇게 바른 맞춤법을 사용하는 건 사회생활을 할 때 참 중요하고, 사람 관계에서 매력이 될 수도 있습니다. 여러분도 매력적인 무기를 장착해 보시는 건 어떨까요?

이 책은 일상 속에서 우리가 가장 많이 쓰고, 자주 틀리는 표현들로만 구성했습니다. 단어마다 삽화와 다양한 사례들도 나와서 최대한 쉽게 맞춤법을 익힐 수 있을 거예요. 중간중간 문해력 필수 어휘와 발음 상식도 알려드리니 마지막 장까지 따라와 주세요. 그럼 이제 맞춤법 뉴스를 시작하겠습니다.

2025년 11월
박지원

차례

추천의 글 ⋯ 5
들어가는 글 ⋯ 7
맞춤법 테스트 ⋯ 14

헤드라인 1
지금 당장 알아야 할 맞춤법 ㉕

01. 왠지와 웬 ⋯ 18
02. 대요와 데요 ⋯ 21
03. 돼와 되 ⋯ 24
04. 들르다와 들리다 ⋯ 28
05. 다르다와 틀리다 ⋯ 31
06. 순댓국과 순대국 ⋯ 34
　　만둣국과 만두국
07. 찌개와 찌게 ⋯ 37
08. 부랴부랴와 불야불야 ⋯ 40
[속보] '의외로 표준어' 전해드립니다 ⋯ 43
09. 희한하다와 희안하다 ⋯ 47
10. 굳이와 구지 ⋯ 50
11. 어이없다와 어의없다 ⋯ 53
12. 안과 않 ⋯ 56
13. 낫다와 낳다 ⋯ 60
14. 가르치다와 가리키다와 가르키다 ⋯ 63
15. 뵈요와 봬요 ⋯ 67
16. 베끼다와 배끼다 ⋯ 70

17. 며칠과 몇 일	··· 73
18. 재작년과 제작년	··· 76
[속보] '의외로 표준어' 전해드립니다	··· 79
19. 일부러와 일부로	··· 82
20. 눈곱과 눈꼽	··· 86
21. 창피하다와 챙피하다	··· 89
22. 설레다와 설레이다	··· 92
23. 헤어지다와 해어지다	··· 95
24. 역할과 역활	··· 98
25. 금세와 금새	··· 101
퀴즈 나갑니다	··· 104

헤드라인 2
자꾸만 헷갈리는 맞춤법 ㉙

01. 어떻게와 어떡해와 어떻해	··· 108
02. 의와 에	··· 111
03. 어물쩍과 어물쩡	··· 114
04. 이따가와 있다가	··· 117
05. 오랜만에와 오랫만에 오랫동안과 오랜동안	··· 121
06. 든과 던	··· 124
07. 되레와 되려	··· 127
[속보] 문해력 제보가 들어왔습니다	··· 130
08. 에요와 예요	··· 132

09. 꽁다리와 꼬다리	⋯ 135
10. 심심하다와 슴슴하다	⋯ 138
11. 지그시와 지긋이	⋯ 141
12. 일체와 일절	⋯ 144
13. 귀띔과 귀뜸	⋯ 148
14. 꼽다와 꽂다	⋯ 151
15. 욱여넣다와 우겨넣다	⋯ 154
16. 당기다와 댕기다와 땅기다	⋯ 157
[속보] 문해력 제보가 들어왔습니다	⋯ 160
17. 짜깁기와 짜집기	⋯ 163
18. 안치다와 앉히다	⋯ 166
19. 담그다와 담구다	⋯ 169
20. 바치다와 받치다	⋯ 173
21. 쪼들리다와 쪼달리다	⋯ 177
22. 결재와 결제	⋯ 180
23. 뒤풀이와 뒷풀이	⋯ 183
24. 게요와 께요	⋯ 186
[속보] 문해력 제보가 들어왔습니다	⋯ 189
25. 너비와 넓이	⋯ 193
26. 가능한 한과 가능한	⋯ 197
27. 쓰레받기와 쓰레받이	⋯ 200
28. 먼지떨이와 먼지털이	⋯ 203
29. 이와 히	⋯ 206
퀴즈 나갑니다	⋯ 212

헤드라인 3
이 정도면 나도 맞춤법 고수 ⑲

01. 믿기십니까와 믿겨지십니까	…	216
02. 좇다와 쫓다	…	220
03. 로서와 로써	…	223
04. 좋은 주말 되세요	…	226
05. 붉으락푸르락과 울그락붉으락	…	229
06. 핼쑥하다와 핼쓱하다	…	232
[특보] 이 정도만 알아도 좋은 '발음 상식'	…	235
07. 껍질과 껍데기	…	238
08. 파투와 파토	…	242
09. 메슥거리다와 미식거리다	…	245
10. 맞히다와 맞추다	…	249
11. 정확하다와 적확하다	…	253
12. 덩굴과 덩쿨 넝쿨과 넝굴	…	256
13. 한창과 한참	…	259
14. 흐리멍덩하다와 흐리멍텅하다	…	262
15. 치근덕거리다와 추근덕거리다	…	265
[특보] 이 정도만 알아도 좋은 '발음 상식'	…	268
16. 엔간하다와 엥간하다	…	273
17. 사달이 나다와 사단이 나다	…	276
18. 널따랗다와 넓따랗다	…	279
19. 바라요와 바래요	…	283
퀴즈 나갑니다	…	286

맞춤법 테스트

틀린 맞춤법, 몇 개나 있을까요?

어제 오랫만에 고등학교 친구들과 저녁을 먹었어요. 정말 오래간만이라 만나기 전부터 웬지 모르게 설레이더라고요.

만날 시간이 다 되서 약속 장소에 나갔는데, 친구들이 옛날 모습 그대로여서 웃음이 터졌어요. 반갑게 인사를 나누고 음식점에 들어갔어요. 학생 때부터 만두를 좋아하던 친구가 있어서 만두국과 두부전골을 시켜 먹었어요. 그렇게 맛있게 먹고 일어나려는데, 한 친구가 구지 노래방에 들렸다가 가자는 거예요. 자기가 넓다란 장소를 안다며 신나게 춤도 추고 노래도 부르자고요. 못 이기는 척 따라갔는데, 제가 제일 즐겁게 놀았어요. 친구들이 놀라던대요?

그렇게 다섯 시간을 놀고 해어졌어요. 이 친구들만 만나면 근심, 걱정 다 잊고 어린 시절로 돌아가게 되네요.

정답

어제 **오랜만에** 고등학교 친구들과 저녁을 먹었어요. 정말 오래간만이라 만나기 전부터 **왠지** 모르게 **설레더라고요.**

만날 시간이 다 **돼서** 약속 장소에 나갔는데, 친구들이 옛날 모습 그대로여서 웃음이 터졌어요. 반갑게 인사를 나누고 음식점에 들어갔어요. 학생 때부터 만두를 좋아하던 친구가 있어서 **만둣국**과 두부전골을 시켜 먹었어요. 그렇게 맛있게 먹고 일어나려는데, 한 친구가 **굳이** 노래방에 **들렀다가** 가자는 거예요. 자기가 **널따란** 장소를 안다며 신나게 춤도 추고 노래도 부르자고요. 못 이기는 척 따라갔는데, 제가 제일 즐겁게 놀았어요. 친구들이 **놀라던데요?**

그렇게 다섯 시간을 놀고 **헤어졌어요.** 이 친구들만 만나면 근심, 걱정 다 잊고 어린 시절로 돌아가게 되네요.

아는 만큼 보인다! 몇 개나 찾으셨나요?

0~2개	맞춤법 공부가 시급합니다!
3~5개	맞춤법에 관심이 있군요. 한 단계 성장이 필요해요.
6~8개	상당한 실력자! 조금만 더 공부하면 고수가 될 수 있어요.
9~10개	맞춤법 고수! 당신은 자랑스러운 맞춤법 지킴이.

헤드라인 1

지금 당장
알아야 할
맞춤법 ㉕

01

왠지 와 웬

SNS에 감성 충만하게 올라온 게시물. 그런데 한순간 그 감성이 와르르 무너지고 말았어요. '왠지'와 '웬'을 잘못 사용했기 때문입니다. 심지어 댓글에도 틀린 맞춤법이 있는데, 혹시 발견하셨나요?

'왠지'와 '웬'의 차이는 무엇이고, 둘을 어떻게 구분해 써야 할까요? **'웬'은 '어찌 된', '어떠한'을 뜻합니다.** 그리고 **'왠지'는 '왜인지'가 줄어든 말**이에요. '웬'과 '왠'이 헷갈릴 땐 '왜인지'가 들어갈 수 있는지 없는지를 생각하면 쉽습니다.

'웬/왠일로 일찍 왔지?' 여기에 '왜인지'를 넣어볼까요? '왜인지일로 일찍 왔지?' 말이 안 되네요. '어찌 된 일로 일찍 왔지?'의 의미인 '웬일'로 적습니다. '웬/왠지 모르게 기분 좋은 날'은 '왜 그런지 모르게, 또는 뚜렷한 이유도 없이 기분이 좋다'는 의미로 쓰였죠. '왜인지 모르게 기분 좋은 날'이라고 써야 어색하지 않고 자연스럽습니다.

이처럼 '왠지'와 '웬'이 헷갈릴 땐 '왜'와 관련이 있는지 없는지 생각해 보세요.

쉽게 기억하기

'왠'은 '지'와 짝꿍처럼 붙어 다녀요.
'왠지' 외에는 다 **'웬'**으로 쓰기!

이렇게 쓰기

⋯▸ 왠지 모르게 네가 좋아.
⋯▸ 이게 웬 떡이야.
⋯▸ 웬일이야, 집순이가 주말에 밖에 나가고.

02

대요 와 데요

요즘 저속 노화에 대한 관심이 뜨겁습니다. 자극적인 음식 대신에 건강한 식단으로 노화를 늦추는 방법을 찾는 건데요. 요리에 문외한인 저도 간단한 조리법엔 조금이나마 관심을 기울이게 되었죠. 어느 날 유튜브에서 관련 영상을 계속 찾아보던 중 크림치즈 에그타르트 맛이 난다는 건강식 디저트 요리법을 발견했어요. 흥미를 느끼며 영상을 보는데, 딱 틀린 자막을 발견했지 뭐예요!

영상 속 인물이 맛있게 만들어진 음식을 맛보는 장면에서 "우리 딸이 붕어빵보다 닷있데요!"라는 자막을 쓴 겁니다. 그 순간 제 신경은 요리법이 아닌 맞춤법에 쏠리게 됐어요.

누군가의 말을 간접적으로 전달할 때는 '다고 해요'가 줄어든 말인 '대요'를 씁니다. "우리 딸이 붕어빵보다 맛있다고 해요!" 즉 딸이 한 말을 전달하는 거니까 '맛있대요'로 써야 하는 거죠.

'데요'는 말하는 사람이 직접 경험한 일이나 상황을 설명할

때 쓰입니다. '이 빵 정말 맛있던데요', '이 맞춤법 책 정말 재밌던데요', '여기는 분위기 별로인데요'처럼 말이죠.

어렵지 않죠? 상황과 문맥에 맞게 '데요'와 '대요'를 꼭 구분해서 사용하시기 바랍니다.

요약

다른 사람이 한 말이면 **'대요'**.
내가 직접 경험한 일이나 상황을 설명할 때는 **'데요'**.

이렇게 쓰기

⋯ 그 식당 인기가 많던데, 오늘 예약된대? (예약된다고 해?)
⋯ 그 영화 정말 재밌던데요.

03

돼 와 되

친구들

오늘 날씨도 좋은데 뭘까? 시간 **되**?

난 5시는 **돼야** 시간 날 듯.

난 시간 **돼지**, 뛰자!

일상에서 정말 많이 사용하지만 막상 글로 쓸 때는 오류가 난무하는 '돼'와 '되'. 하루에도 수십 통의 메시지를 주고받는 요즘, '돼'와 '되'를 정확하게 쓰는 사람이 많지 않습니다. 시간 약속을 정하는 것부터 현재의 상태, 기분, 상황을 설명할 때에도 '됐어', '되었고', '되고 있어' 등 참 많이 활용되곤 하는데요. 조금만 관심을 기울이면 '돼'와 '되'를 쉽게 구분할 수 있습니다.

'돼'는 '되어'의 준말입니다. 그래서 '되어'로 풀어서 쓸 수 있을 땐 '돼'가 들어갈 수 있는 거죠. '난 5시는 되어야 시간 날 듯'을 '되어야'로 풀어서 써도 전혀 어색함이 없죠? 이럴 땐 '돼'를 쓸 수 있습니다.

- 저 그날 시간 되요/돼요.
  (저 그날 시간 되어요.)
- 내일까지 되지/돼지?
  (내일까지 되어지?)

아직도 복잡하게 느껴진다고요? 그럴 땐 '하'와 '해'의 도움을 받아보세요. '하'로 대체할 수 있으면 '되', '해'가 쓰일 수 있으면 '돼'를 사용하면 됩니다.

- 괜찮은지 걱정이 되서/돼서 전화했어.
  (괜찮은지 걱정이 하서/해서 전화했어.)
- 내일까지 되지/돼지?
  (내일까지 하지/해지?)
- 다 됬어/됐어?
  (다 핬어/했어?)

여기서 한 가지 더! 문장을 끝마칠 때는 '되'에 종결어미 '어'가 결합된 뒤 줄어든 형태로 씁니다. '그때 시간 돼?', '물 마셔도 돼', '지금 와도 돼'처럼 말이지요.

요약

'돼'는 '되어'가 줄어든 말!
'되어'로 풀어쓸 수 있을 땐 **'돼'**입니다.

이렇게 쓰기

⋯▸ 일이 잘 되고 있어.

⋯▸ 밤이 돼야(되어야) 알 수 있어.

⋯▸ 자리를 옮기면 안 돼.

04

들르다 와 들리다

'카페에 들렸다 갈게', '집에 들려서 짐 놓고 갈게'와 같은 문장들을 보면 어떤가요?

  일상에서 흔하게 잘못 쓰이는 '들르다'와 '들리다'! **지나는 길에 잠깐 들어가 머무르다**'를 뜻하는 동사는 '**들르다**'입니다. 주로 '들어가다'의 의미로 사용되죠. 특정한 장소에 머무는 경우엔 '들르다'를 써야 합니다. 따라서 '카페에 들렀다 갈게', '집에 들러서 짐 놓고 갈게'가 바른 표현입니다.

  이와 달리 '**들리다**'는 '**듣다**' 혹은 '**들다**'의 피동사예요. '소리가 잘 들리다', '무거운 물건인데 쉽게 들리다'처럼 쓰이죠. 어디에 들어간다는 의미는 전혀 없습니다. '카페에 들렸다 간다'는 표현은 맞지 않는 거죠. 카페에서 무슨 소리가 들렸다면 모를까요. 카페에 '들어갔다가 간다'는 의미로는 사용할 수 없는 표현입니다.

  저는 이렇게 외웠어요. '소리가 들리다'라는 표현은 헷갈리지 않죠. 먼저 이 문장을 생각하고, 장소에 들어간다는 표현을 해야 할 땐 "아, '들리다'는 쓸 수 없지, '들르다'로 써야지"라고 기억했어요. 그래서 '들크다'의 활용형 '들러, 들르니, 들렀다'를 사용했습니다.

헷갈릴 땐 이렇게 기억해 보세요. '들리다'는 '소리'와 연결 지어 생각하고요. 어떤 장소에 잠깐 '들어갈' 때는 모음 'ㅡ', '들르다'를 떠올려 보세요.

더 나아가기

과거형 활용도 구분해 볼까요?
들르다 ⇨ 들렀다
들리다 ⇨ 들렸다

이렇게 쓰기

⋯▸ 카페에 들렀다 갈게.
⋯▸ 기침 소리가 들렸다.

05

다르다 와 틀리다

공기가 틀리다고요? 우리가 마시는 공기에 정답이 있는 걸까요? 흔히 '다르다'와 '틀리다'를 구분하지 못하고 문맥에 전혀 맞지 않게 사용하곤 합니다. '우린 취향이 틀려', '맛이 틀리네'처럼 사용하는데 이는 '틀린' 표현이에요.

'틀리다'는 '맞다'의 반대말로 정답이 아닐 때, 마음이나 행동이 올바르지 못하고 비뚤어질 때 사용하는 표현이에요. '계산이 틀리다', '답을 틀리다', '태도가 틀리다'처럼 쓰여요. 이와 달리 **'다르다'는 두 대상을 비교해 서로 같지 않을 때** 사용하는 표현이에요. '두 사람 얼굴이 다르다', '너와 난 다르다', '우리는 서로 성격이 다르다'처럼 다른 점이 있을 때 씁니다.

취향에 정답이 있을까요? 선호하는 맛에 정답이 있을까요? 각자 취향이 다 다르고, 맛있다고 느끼는 맛도 다 다를 겁니다. 그렇기 때문에 '취향이 틀리다', '맛이 틀리다'가 아닌 '취향이 다르다', '맛이 다르다'로 써야 문맥에 맞는 표현을 사용했다고 볼 수 있겠습니다.

이런 맥락에서 '틀린 그림 찾기' 놀이도 어색한 이름이라고 생각해요. 비슷한 두 개의 그림을 놓고 서로 다른 부분을 찾아내는 놀이죠. '다른 그림 찾기'로 이름을 붙이는 게 어떨까 하는 생각도 들었습니다. 정답이 아닐 때, 올바르지 않을 때는 '틀리다'를, 같지 않을 때는 '다르다'를 써야 틀리지 않게 표현하실 수 있습니다.

요약

'틀리다'는 '맞다'의 반대말.
'다르다'는 '같다'의 반대말.

이렇게 쓰기

⋯▶ 쌍둥이지만 둘은 성격이 너무 다르다.
⋯▶ 역시, 내 눈이 틀리지 않았어!

06

순댓국 과 **순대국**

만둣국 과 **만두국**

차 림 표

순대볶음	15000	백순대	20000
철판순대	23000	만두전골	25000
순대국	10000		
만두국	10000		

"여기 순대국 한 그릇이랑 만두국 한 그릇 주세요." 뜨끈한 국물이 생각날 때 이만한 음식이 없죠. 그런데 차림표 속 오류를 발견하셨나요? '순대국', '만두국'은 틀린 표기입니다. 사이시옷이 들어간 '순댓국', '만둣국'으로 적어야 합니다.

순우리말과 순우리말 또는 한자어와 순우리말이 합쳐진 합성어 가운데 앞말이 모음으로 끝날 때 뒷말의 첫소리가 된소리로 발음되면 앞말에 'ㅅ'이 들어갑니다.

'순대'와 '국'은 모두 순우리말인데요. 발음해 볼까요? [순대꾹] 또는 [순댇꾹]. **국이 된소리로** 나오죠. **이때는 앞말에 사이시옷을 받쳐 씁니다.** 만둣국은 한자어와 순우리말이 합쳐진 합성어로 [만두꾹], [만둗꾹]. 역시 된소리로 발음되죠. 사이시옷이 들어갑니다.

- 순대 + 국 ⇨ [순대꾹] 또는 [순댇꾹] = 순댓국
- 만두 + 국 ⇨ [만두꾹] 또는 [만둗꾹] = 만둣국

이제 확실히 구분하실 수 있겠죠? 식당에서 차림표를 볼 때도 맞춤법 자신감! 잃지 마세요.

더 나아가기

이때도 사이시옷이 들어가요.

'순우리말 + 순우리말' 또는 '한자어 + 순우리말' 합성어일 때

1. 뒷말의 첫소리 'ㄴ, ㅁ' 앞에서 'ㄴ' 소리가 덧나는 경우

코 + 날 ⇨ [콘날] = 콧날

뒤 + 머리 ⇨ [뒨:머리] = 뒷머리

제사 + 날 ⇨ [제:산날] = 제삿날

2. 뒷말의 첫소리 모음 앞에서 'ㄴㄴ' 소리가 덧나는 경우

나무 + 잎 ⇨ [나문닙] = 나뭇잎

후 + 일 ⇨ [훈:닐] = 훗일

예사 + 일 ⇨ [예:산닐] = 예삿일

이렇게 쓰기

⋯▸ 여기 순댓국 한 그릇 주세요.

⋯▸ 이 식당 만둣국이 정달 맛있어.

07

찌개 와 찌게

볼 때마다 헷갈리는 '찌개'와 '찌게' 맞춤법! 식당이나 식단표 등 많은 곳에서 '김치찌게', '순두부찌게', '된장찌게'로 쓰곤 합니다. 심지어 식당 간판에 대문짝만하게 '찌게'라고 쓴 경우까지 봤습니다. 이렇게 하도 많은 '찌게'를 접해서일까요? '찌개'로 적혀 있으면 틀렸다고 생각하는 사람도 많아요. 이제 확실히 알아두셔야겠습니다.

'찌게'는 틀린 표기입니다. **'찌개'가 맞아요**. '김치찌**개**', '순두부찌**개**', '된장찌**개**'가 **바른 표기**입니다. 식당에서 뜨거운 찌개를 담은 뚝배기를 집게로 옮기는 모습, 본 적 있으시죠? 집게 모양을 떠올려 볼까요? 'ㅔ' 모양의 집게로는 뚝배기를 옮길 수 없겠죠. 'ㅐ' 모양의 집게로 옮길 수 있겠네요. 헷갈릴 땐 집게 모양을 떠올려 보세요.

더 나아가기

많이 틀리는 음식 이름!
짚고 넘어갈까요?
쭈꾸미 ⇨ **주꾸미**
아구찜 ⇨ **아귀찜**
둘 다 차림표에 자주 등장하는 틀린 표기예요.
'주꾸미'와 '아귀찜'이 바른 표기입니다.

이렇게 쓰기

⋯ 구수한 된장찌개 한 그릇 어때?
⋯ 난 들깨가 들어간 순두부찌개가 참 좋더라.

08

부랴부랴 와 불야불야

불야불야 올리는 요즘 일상

  🙂 작성자

이웃님들!
요즘 저는 공부하랴 운동하랴 주말엔 여행도 다니랴
발바닥에 불이 나게 돌아다니고 있어요.
바쁘지만 블로그에 기록해 두고 싶어서
불야불야 요즘 일상들 올려봅니다.
#바쁘다바빠 #갓생근

'일을 매우 급히 서두르다'를 뜻하는 말로 **'부랴부랴'**라는 표현을 사용하곤 하는데요. 발음은 명확히 [부랴부랴]인데 쓸 때는 어떻게 써야 할까요? 발음 그대로 '부랴부랴'? 받침이 있는 '불야불야'? 바른 표기는 '부랴부랴'입니다.

그런데 '불야성'이란 단어가 있어서일까요? '불야불야'로 잘못 쓰는 경우가 많습니다. 받침 없이 소리 나는 대로 '부랴부랴'로 쓰면 돼요.

기억하기 쉬운 방법을 알려드릴게요. 표준국어대사전에 따르면 '부랴부랴'의 어원이 '불+-이-+-야+불+-이-+야'라고 해요. 화재가 나서 남에게 급히 알릴 때 "불이야! 불이야!" 하고 외치는 모습을 떠올려 보세요. 불이 났을 땐 다급하죠. 받침을 붙일 여유가 없습니다. [부리야부리야] 발음 그대로 줄여서 '부랴부랴'로 쓰면 됩니다.

요약

발음 그대로 **'부랴부랴'**!

이렇게 쓰기

→ 출발 시간이 촉박해 부랴부랴 짐을 챙겼다.

→ 비가 갑자기 쏟아지자 부랴부랴 우산을 찾았다.

속보

'의외로 표준어' 전해드립니다

뭐라고? '머'도 사전에 등재돼 있다고?

편의상 '뭐'를 '머'로 쓰거나 발음할 때가 있죠. '뭐 해?'를 '머 해?'로, '뭔데?'를 '먼데?'로, '뭐라고?'를 '머라고?'로 말이죠. '틀린 표현 아니야?' 하고 생각했던 '머'. 사용할 수 있습니다! '머'는 '뭐'의 구어적 표현으로 '머 먹니?', '머 해?', '머라고?' 등으로 쓸 수 있습니다.

그럼 '모'도 가능할까요? '모라고?', '모 해?', '모 먹지?' '모'는 표준어로 등재돼 있지 않아요. 가까운 이에게 애교 섞인 말투로 쓸 수는 있겠네요. '모 해?', '오늘 모 먹을까?'

'꼽사리'도 표준어에 끼어 있다고?

낄 때 끼고 빠질 땐 빠져야 어디 가서 눈칫밥 먹지 않죠. 한국 사회에선 눈치를 챙기는 게 아주 중요합니다. 그런 처신을 잘하지 못할 때 우리가 흔히 쓰는 '꼽사리'라는 말. 비속어나 은어 정도로 쓰이는 비표준어라고 생각하는 분들이 많은데요, 표준국어대사전에 등재돼 있습니다 '남이 노는 판에 거저 끼어드는 일'을 의미해요. '꼽사리를 끼다', '꼽사리를 붙다'처럼 사용할 수 있습니다.

여기서 주의할 점은 읽을 때는 [꼽싸리], 쓸 때는 '꼽사리'라는 거예요. 원형을 잘 기억해 주셔야겠습니다.

'주작'이 표준어라고? 주작하지 마!

언젠가부터 '주작'이란 단어가 널리 퍼졌습니다. 인터넷상에서 "주작이네", "완전 주작이었잖아"처럼 쓰이며 한때 유행어처럼 퍼지기도 했었죠. 게임 커뮤니티에서 시작된 표현이란 말도 있고, 메신저에서 '조작'이란 단어를 대체하기 위해 '주작'으로 바꿔서 쓰기 시작했다는 설도 있어요.

그래서 많은 사람이 '주작'은 '조작'의 비표준어, 신조어라고 생각하는데요. '주작' 입장에선 억울하겠습니다. '주작'도 엄연히 표준국어대사전에 등재된 표준어입니다. '없는 사실을 꾸며 만듦'을 의미해요. '주작이다', '주작된 이야기이다'처럼 사용할 수 있습니다.

'오지다'가 표준어라니… 오지네!

마음에 쏙 들거나 알차게 들어맞을 때 종종 쓰는 표현이죠. '오지다'! 어감이 강렬해서일까요? 왠지 비속어일 것 같고, 공식적인 자리에선 쓰면 안 될 것 같은 느낌을 받곤 합니다.

'오지다'는 표준국어대사전에 등재된 표준어입니다. 속된 표현도 아니에요. '마음에 흡족하게 흐뭇하다', '허술한 데가 없이 알차다'를 뜻하는 말입니다. '그 일은 내게 정말 오지고 통쾌한 일이다', '양념이 오지게 맵다', '오지게 추운 겨울'처럼 쓰입니다.

'오지다'와 같은 뜻인 단어로 '오달지다'도 있습니다. '그를 만날 생각으로 오달진 마음에 발걸음이 빨라졌다', '정말 오달지게 덥다'처럼 쓸 수 있습니다.

희한하다 와 희안하다

늘 곁에 있다가도 어느새 사라지는 물건이 몇 가지 있습니다. 휴대폰, 그리고 TV 리모컨. 분명히 손에 쥐고 있었는데, 조금 전까지 썼는데 갑자기 찾지 못할 때가 있죠.

"희안하네. 분명히 여기 있었는데 어디 갔지?" 이때 '희안하다', 괜찮을까요? 안 괜찮습니다. 신기하네! '희안하다'가 아니고 '희한하다'였어? 하고 생각하시는 분이 많을 겁니다. 발음을 빨리하다 보면 [히칸하다]가 아니라 [히안하다]처럼 들릴 때가 있죠. 그래서 '희안하다'가 바른 표기라고 생각하는 경우가 있습니다.

'매우 드물거나 신기하다'를 뜻하는 형용사는 '희한하다'입니다. 조금 귀찮고 힘들어도 희'한'하다의 '한'도 소중하게 발음해 주세요. **쓸 때도 '희한하다', 발음할 때도 [히한하다]**입니다.

쉽게 기억하기

ㅎㅎㅎ = 희한해, **히읗이 연달아 세 번** 나오다니 '**희한하다**'!
신기한 일을 마주해 '허허허' 실소를 터뜨린다고도 생각해 보세요.

이렇게 쓰기

…▸ 희한한 소문이 떠돌다.
…▸ 이 물건은 참 희한하게 생겼다.

10

굳이 와 구지

김 팀장

- 야근하느라 고생이 많아.

> 너무 배고픈데 치킨이라도 시켜 먹으면 안 될까요?

- 다 끝내고 먹지 그래.

> 일도 많이 시키시면서! 먹는 시간까지 **구지** 통제하셔야겠어요?

- **굳이** 지금 음식을 시켜야겠어?

서로를 이해하지 못하는 참 답답한 상황. 틀린 맞춤법을 발견하신 분이라면 고구마 10개 추가죠. 둘 중 맞춤법을 잘못 쓴 사람은 누구일까요? 안타깝게도 둘 다 틀렸습니다. 정답을 굳이 콕 찍어 알려드리겠습니다.

　'단단한 마음으로 굳게', '고집을 부려 구태여'를 뜻하는 부사는 '굳이'입니다. 발음이 [구지]이다 보니 소리 나는 대로 '구지'로 쓰거나 '궂이'로 받침을 잘못 적는 경우가 있는데요.
　'ㄷ, ㅌ' 받침 뒤에 종속적 관계를 가진 '-이(-)'나 '-히-'가 결합하면 뒤 음절 첫소리가 'ㅈ, ㅊ'으로 소리 납니다. 이를 구개음화라 해요. '같이'라는 단어가 [가치]로 소리 나는 게 대표적인 사례예요. 하지만 쓸 때는 'ㅌ' 받침의 '같이'로 쓰죠. 이와 마찬가지로 '굳이'도 **[구지]라고 발음하지만 쓸 때는** 'ㄷ' 받침의 **'굳이'**로 적어야 합니다.

요약

발음은 **[구지]**, 쓸 때는 '**굳이**'.
발음은 **[가치]**, 쓸 때는 '**같이**'.

이렇게 쓰기

⋯› 굳이 그렇게까지 해야겠어?
⋯› 굳이 국수를 먹겠다고 고집을 부렸다.

어이없다 와 어의없다

팀장 때문에 스트레스 받아요

작성자

제가 보고서 올릴 때마다 맞춤법을 지적해서
팀원들 보기가 너무 창피해요.
자기가 무슨 맞춤법 검사기도 아니고
진짜 **어의가 없네요**.

↳
댓글
어의는 궁궐에서 찾아야 할 텐데요. ㅎㅎ

"어이가 없네" 영화 〈베테랑〉의 유명한 대사죠. 한 번쯤은 따라 해보셨을 법한 이 대사. 입으로 소리 낼 땐 전혀 문제가 없는데, 쓸 때는 정말 실수를 많이 하는 표현입니다. **일이 너무 뜻밖이어서 기가 막힐 때 쓰는 형용사**는 '**어이없다**'가 바른 표현입니다. '어의'는 궁궐에서 임금이나 왕족의 병을 치료하던 의원을 뜻합니다. 그러니 '어의없다'고 쓰면, 조상님들이 어이없어하시겠죠.

발음 그대로 쓰면 돼요. 받아쓰기 시험을 보는 것처럼 괜히 더 고민하다가 '어의'로 한 번 꼬아서 적는 경우가 있는데요. **소리 나는 그대로 '어이없다'**를 쓰면 됩니다.

영화 속에선 "어이가 없네"의 유래를 설명하면서 맷돌 이야기가 나옵니다. 맷돌 손잡이를 '어이'라고 하는데 맷돌을 돌리다 갑자기 손잡이가 빠져 황당한 상황에서 '어이가 없다'는 말이 유래했다는 설을 소개해요. 이 상황과 '어이없다'는 말이 너무 잘 맞아떨어져 더 인상 깊은 대사가 됐는데, 국립국어원에 따르면 근거가 없는 설이라고 합니다. 왜 제가 다 아쉬운지 모르겠지만, 이 대사를 떠올리면서 '어이없다'를 기억하기엔 더할 나위 없이 좋을 듯합니다.

또 한 가지. '어이없다'와 같은 의미로 '어처구니없다'도 표준어로 등재돼 있습니다. 두 표현 모두 예상치 못한 상황이나 황당한 일을 겪을 때 사용하는 표현이에요. 어떤 표현을 선택하든 다 사용할 수 있는 형용사입니다. 그리고 모두 붙여서 한 단어로 쓴다는 것도 기억하시면 띄어쓰기할 때도 틀리지 않겠네요.

요약

[어이업따], 소리 나는 그대로 **'어이없다'**.
'어이없다', '어처구니없다' 모두 붙여서 한 단어로 쓰기!

이렇게 쓰기

⋯ 어이없는 소문에 할 말을 잊었다.
⋯ 적반하장에 어이없다는 듯 웃었다.

12

안 과 않

이 과장

행사 일정 아직 정리 **안 됐어요**?

내일 정리하면 **않될까요**?
몸기 **않좋아서** 반차 내겠습니다.

'안'과 '않'을 구분해서 써야 한다는 사실은 알고 있지만 어떻게 구별해야 하는지 헷갈린다는 분이 많습니다.

'안'은 용언을 수식하는 **부사**이고, **'않'은 어미 앞에 오며 '아니하다' 또는 '아니하다'의 준말인 '않다'의 어간**입니다. '안'은 '안 되나요', '안 좋다', '안 덥다'처럼 용언 앞에 쓰이며 항상 뒷말과 띄어 쓴다고 생각하면 됩니다. '행사 일정 아직 정리 안 됐어요?'처럼 용언 앞에 쓰이고, 뒷말과 띄어서 적는 거죠.

여기서 잠깐!
- 용언은 문장에서 서술어의 기능을 하는 동사, 형용사를 통틀어 이르는 말입니다.
- 어간은 활용어가 활용할 때 변하지 않는 부분이에요. '보다', '보니', '보고'에서 '보-'를 말합니다.

그럼 '내일 정리하면 않될까요?'는 틀린 표현이라는 거 알아차리셨겠죠? '되다'의 활용형 '될까요'라는 용언 앞에 쓰이는 상황입니다. '안'이 쓰여야 하고 뒷말과 띄어 써야겠죠. '내일 정리하면 안 될까요?'가 바른 표현입니다. 마찬가지로 '몸이 않좋아서'도 '몸이 안 좋아서'로 쓰는 게 맞겠죠.

　만약 꼭 '않'을 쓰고 싶으시다면 순서를 바꾸시면 됩니다. '몸이 좋지 않아서'로 말이죠.
　'않'은 동사나 형용사의 부정형으로 '먹지 않는다', '믿지 않는다'처럼 주로 문장 마지막에 쓰입니다. 이것도 순서를 바꾸려면 '안 먹는다', '안 믿는다'로 용언 앞에 쓰여 그 용언을 수식하는 부사 형태로 쓰면 됩니다.

요약

'안'은 동사나 형용사 앞에 쓰이는 부사.
'않'은 '아니하다'의 준말로 주로 문장 마지막에 쓰임!

이렇게 쓰기

- 나는 그의 말을 안 믿는다.
- 나는 그의 말을 믿지 않는다.
- 지금 음식 주문이 안 되나요?
- 지금 음식 주문은 되지(가능하지) 않나요?
- 몸이 안 좋아서 조퇴할게요.
- 몸이 좋지 않아서 조퇴할게요.

13

낫다 와 낳다

진아

감기에 심하게 걸렸던데, 좀 어때?

말도 마. 기침이 안 떨어져.

큰일이네. 얼른 **낳아서** 돌아와야지.

낳을 애는 없지만
빨리 **나아서** 돌아갈게.

활용형의 발음이 비슷해서 정말 많이 틀리는 맞춤법입니다. '병이나 상처 따위가 고쳐져 본래대로 되다'를 의미하는 단어는 '낫다'입니다. 기본형인 '낫다'의 활용형을 보면, '낫다' 어간의 끝소리 'ㅅ'이 모음으로 시작하는 어미 앞에서 탈락해 '나아', '나으니'가 됩니다. 그 외의 경우에는 '병이 낫고 기분이 가벼워졌다', '감기가 낫기만을 기다렸다'처럼 'ㅅ' 받침이 탈락하지 않습니다.

　그런데 '아이를 낳아', '새끼를 낳아'에 쓰인 '낳아'도 [나아]로 발음됩니다. '낫다'의 '나아'와 발음이 똑같은 거죠. 그래서 많은 분이 더 헷갈려 하시는데요. 'ㅎ' 받침이 들어가는 '낳다'는 '뱃속의 아이, 새끼, 알을 몸 밖으로 내놓다'를 뜻하는 말입니다. 그런데 '낳다'는 발음할 때와 달리 '낳아', '낳으니'로 활용될 때도 'ㅎ' 받침이 탈락하지 않아요. '아이를 낳다[나ː타]', '새끼를 낳아[나아]', '알을 낳으니[나으니]'와 같이 쓸 때는 '낳'으로, 발음할 때는 [나]로 소리가 납니다.

　병은 '낫다', 아이는 '낳다'. 기본형을 우선 외워두시면 활용할 때 헷갈리지 않으실 겁니다. 참고로 '보다 더 좋거나 앞서 있다'를 뜻하는 형용사 '낫다'도 활용형이 같습니다. '여름보다 겨울이 낫다', '둘 중 뭐가 더 나아?'처럼 말이죠.

쉽게 기억하기

'**낳다**'의 'ㅎ' 받침을 만삭 임신부의 배와 연관 지어볼까요?
'ㅎ'처럼 둥글게 불러온 배에서 '아이를 낳다', '새끼를 낳다'.

이렇게 쓰기

⋯ 둘째를 낳다.
⋯ 독감이 겨우 나았다.
⋯ 형보다 동생 인물이 낫다.
⋯ 이 제품이 가장 나은 물건이다.

가르치다 와 가리키다 와 가르키다

문제를 풀다 막혀서 언니에게 도움을 청했는데, 아무 말 없이 손가락을 치켜든 언니. 무엇이 문제였을까요? '가르치다'와 '가리키다'. 거기에 이 둘을 합친 '가르키다'까지 글자 모양은 비슷하지만 뜻은 완전히 다른 이 단어들, 명확히 구분하셔야 합니다.

'가르치다'는 모르는 것을 깨닫게 하는 걸 뜻해요. 교육의 의미입니다. 모르는 문제나 내용을 접해 도움을 요청할 때도 '가르치다'를 써야겠죠. "언니, 나 좀 가르쳐 줘"가 맞습니다. **'가리키다'**는 언제 쓸까요? **무언가를 지목할 때** 씁니다. 손가락으로 콕 집어 지목하는 거죠. '책의 중요한 부분을 가리키다', '화살표가 가야 할 방향을 가리키다' 꼴로 사용합니다.

헷갈릴 땐 명사형으로 만들어 보세요.

· 선생님의 가르침(○)
  선생님의 가리침(×)

- 가장 먼저 가르킴을 받다(×)
  가장 먼저 가리킴을 받다(○)

그렇다면 '**가르키다**'는 어떤 의미일까요? **이런 단어는 사전에 등재돼 있지 않습니다.** '가르치다'와 '가리키다'가 섞인 잘못된 표현이에요. 아예 기억 속에서 삭제하시기 바랍니다.

쉽게 기억하기

- 가르치다 = 알려주다

  가**르**침 - **르** - 가**르**치다
- 가리키다 = 지목하다

  '리'의 모음 'ㅣ'를 손가락이라고 생각해 볼까요? 긴 손가락으로 콕 집어 '가리**키**다'.

이렇게 쓰기

⋯▸ 아이들에게 바른 맞춤법을 가르치는 건 중요하다.

⋯▸ 나 이것 좀 가르쳐 줄 수 있어?

⋯▸ 동생은 손가락으로 사과를 가리켰다.

⋯▸ 목격자가 가리킨 용의자는 저 남자였다.

15

봬요 와 **뵈요**

선생님

대학 가서도 **봬러** 갈게요.

그래~ **뵈러** 오렴.

네… 😊
내일 졸업식 때 **뵈요**!

아휴, 이때는 '**봬요**'가 맞지,
일단 교무실로 와!

갑작스러운 교무실 호출! 선생님의 답답하고 걱정스러운 마음 이해되시나요? 이 상황에서 왜 '뵈러 갈게요'가 맞는 걸까요? 언제 '봬'가 쓰이고, 언제 '뵈'가 쓰이는지 참 헷갈리시죠.

'웃어른을 대하여 보다'를 뜻하는 단어는 '뵈다'입니다. 그럼 '봬'는 언제 쓰일까요? **'봬'는 '뵈어'가 줄어든 말이에요.** '뵈어요'가 줄어들어 '봬요'가 되는 거죠. '뵈어'로 풀어쓸 수 있는지 없는지를 생각하면 쉽습니다. '뵈어러 갈게요', '뵈얼게요'는 말이 이상하죠. '뵈러 갈게요', '뵐게요'가 맞습니다.

또 다른 방법은 '하'와 '해'를 넣어보는 거예요. 앞서 '되/돼'를 구분하는 방법이기도 했죠. '하'를 넣어서 말이 되면 '뵈'를, '해'를 넣어서 자연스러우면 '봬'를 쓰는 거예요.

- 내일 뵈요/봬요.
  (내일 하요/해요.)
- 내일 뵈러/봬러 갈게요.
  (내일 하러/해러 갈게요.)

- 다음 시간에 뵙겠습니다/뵀겠습니다.
  (다음 시간에 하겠습니다/했겠습니다.)

요약

'봬'는 '뵈어'가 줄어든 말!
'뵈어'로 풀어쓸 수 있으면 '봬', 어색하다면 '뵈'.

이렇게 쓰기

⋯ 그럼 다음 주에 봬요.

⋯ 다음 수업 때 뵐게요.

⋯ 다음에 뵙고 말씀드릴게요.

16

베끼다 와 배끼다

F 학점을 받았습니다

작성자

교수님이 모방은 창조의 어머니라고 하셔서
다른 사람이 한 거 **배껴서** 과제를 냈는데요.
F를 받았지 뭐예요?
교수님 말 듣고 배낀 건데… 진짜 속상합니다.

댓글
저기요, 일단 **'베끼다'**를 똑같이 **베껴보세요**.

학생의 학점은 안타깝지만, 이번 기회에 맞춤법은 정확히 알고 넘어갔겠네요. 글이나 그림을 그대로 옮겨쓰거나 그릴 때는 '베끼다'가 맞습니다. 원본과 동일한 형태를 만드는 걸 의미해요. 복사와 비슷한 개념으로 베껴 적거나 베껴 그릴 때 씁니다. 창작 과정에서도 다른 작가의 그림을 그대로 모방해 연습하거나 글을 필사하며 영감을 얻곤 하죠. 그럴 때 모두 '베끼다'를 사용합니다.

'배끼다'는 '베끼다'의 잘못된 표현이에요. 일부 지역에서 '바꾸다'의 방언으로 쓰는 경우가 있지만 표준어로는 인정되지 않습니다. '배'가 들어가는 단어가 많은데 '배끼다'는 아예 없다니 속이 편안한 걸요. '베끼다'만 외우면 되니까요.

'좋아하는 작가의 글을 베껴 정리했다', '친구의 숙제를 베끼다', '화가의 그림을 베끼며 연습했다'처럼 **모음 'ㅔ'의 '베끼다'만 기억하시면 되겠습니다.**

쉽게 기억하기

베개를 **베**고 글을 **베**껴 쓰는 학생을 상상해 보세요.

이렇게 쓰기

⋯▸ 마음에 드는 문장을 베껴 썼다.
⋯▸ 내 그림을 베낀 거야?

17

며칠 과 몇 일

김 팀장

> 자료는 언제까지 제출할 건가?

> 팀장님, 거의 다 됐습니다.
> **몇 일**만 기다려 주세요.

> 몇 일이라니? 지금 도대체
> **며칠**째야?

기한 내에 자료를 제출하지 못한 박 대리. 잘못된 맞춤법으로 팀장님을 더 화나게 했군요. '어라? 팀장님이 맞춤법 틀린 거 아닌가?' 싶은 분들도 분명 있으실 거예요.

'몇 날'을 뜻하는 단어는 '며칠'이 맞습니다. '지난 며칠 동안 잠을 못 잤다', '이 일은 며칠이나 걸릴까요?'처럼 수일을 뜻할 때 쓰입니다. 그럼 '오늘이 몇 월 몇 일이지?' 이 문장은 어떨까요? 이때도 '몇 일'이 아닌 '며칠'이 바른 표현이에요.

한글 맞춤법 제27항에 따르면 어원이 분명하지 아니한 것은 원형을 밝혀 적지 않습니다. '며칠'은 그 용례에 해당해 '몇 일'이 아닌 '며칠'로 적어요. 그런데 참 이상합니다. '몇 월', '몇 년', '몇 시'는 다 되면서 왜 '몇 일'만 안 되는 걸까요?

'몇 월'을 발음해 보면 [며둴]로 소리가 나는데요. 만약 '며칠'이 '몇+일'의 구성이라면 [며딜]로 소리가 나야 할 겁니다. 그런데 실제로는 [며딜]이 아닌 [며칠]로 소리가 나죠. 이는 '며칠'이 관형사 '몇'에 의존명사 '일'이 결합한 구성이 아니라는 것을 뜻합니다. 그러므로 [며칠]로 소리 나는 이 단어는 발음 그대로 '며칠'로 적는 것이 맞습니다.

요약

'몇 일'은 아예 쓰이지 않습니다.
'며칠'만 바른 표현입니다!

더 나아가기

'몇 년', '몇 월', '몇 시', '몇 분'은 알고 계신 대로 관형사 '몇'을 사용하는데요. 관형사 **'몇'**과 의존명사 **'년', '월', '시', '분'**은 띄어 씁니다.

이렇게 쓰기

⋯▸ 우리 몇 월 며칠에 만나기로 했지?
⋯▸ 며칠 동안 쉬지 못했어.

재작년 과 제작년

자 기 소 개 서

입사 후 포부

제작년과 작년, 2년 동안 ○○기획에서 경력을
쌓았습니다. 제가 쓴 한 줄의 글이 상품의
구매로 이어졌을 때 가장 뿌듯했습니다.
귀사에 입사하게 된다면 매출의 앞자리 수를
바꾸는 카피라이터가 되겠습니다.

큰 포부를 지닌 지원자가 등장했습니다. 그런데 안타깝게도 첫 문장부터 맞춤법을 틀리고 말았네요.

'재작년'은 작년, 즉 **'지난해 바로 앞의 해'**를 뜻하는 단어죠. '작년'보다 한 해 전을 가리킬 때 사용됩니다. 그래서 '다시 재再' 자를 씁니다. "재작년에는 작년보다 여행을 많이 갔었어"라는 문장처럼 '재작년'은 작년 바로 앞의 해를 의미합니다.

그런데 '재작년'을 '제작년'으로 잘못 쓰는 경우가 참 많아요. 표준국어대사전에도 '제작년'은 등재되어 있지 않습니다. '다시', '거듭'을 뜻하는 '재'와 '작년'이 결합한 '재작년'을 쓰는 게 맞습니다.

요약

'다시 재再'를 써서 **'재작년'**.

이렇게 쓰기

-→ 재작년 이맘때는 날씨가 참 좋았다.
-→ 언니는 재작년에 졸업했다.

속보
'의외로 표준어' 전해드립니다

'억수'가 방언이 아니라고? 눈물이 억수로 나네

하늘에 구멍이 뚫린 듯이 비가 쏟아질 때, 어른들께서 "와, 비가 억수로 쏟아지네"라고 표현하신 걸 들어본 적이 있을 겁니다. 이때 '억수'를 방언이라고 생각하는 분이 많은데요. '억수'는 표준국어대사전에 등재된 표준어입니다.

'물을 퍼붓듯이 세차게 내리는 비' 또는 '끊임없이 흘러내리는 눈물, 코피 따위를 비유적으로 이르는 말'을 뜻해요. 그래서 비나 눈물, 코피 등 액체가 마구 쏟아질 때 사용할 수 있는 단어입니다. "억수같이 쏟아지는 눈물", "올여름 장마철엔 비가 억수로 쏟아졌다"처럼 사용됩니다.

아직 저도 방송할 때 써본 적은 없지만, 언젠가 비가 마구 쏟아질 때 '억수'를 자연스럽게 말해보고 싶네요.

'아따'가 방언이 아니라고? '시방' 장난치는 거지?

"아따, 시방 뭐라는 겨?" 참 구수한 사투리죠. 그런데 이 문장에 깜짝 놀랄 만한 반전이 숨어 있습니다. '아따'가 표준어라는 사실! 당연히 방언일 거라고 생각했는데, 표준국어대사전에 등재된 감탄사입니다.

아직도 못 믿겠다는 분들 많을 겁니다. 우리가 모르는 다른 뜻의 '아따'가 아닌가 하고 의심하실 것 같은데요. '아따'는 '무엇이 몹시 심하거나 하여 못마땅해서 빈정거릴 때 가볍게 내는 소리' 혹은 '어떤 것을 어렵지 아니하게 여기거나 하찮게 여길 때 내는 소리'를 뜻해요. 그러니까 우리가 알고 있는 '아따'인 거죠. '아따, 뭘 그렇게 꾸물거리느-?', '아따, 말도 마'처럼 쓰입니다.

그리고 또 한 가지 놀라운 반전. '시방'도 표준어랍니다. '말하는 바로 이때', 즉 '지금'과 같은 뜻입니다. '시방 뭐 하는 거야?', '시방 가고 있어요'처럼 사용할 수 있습니다. 그러니까 "아따, 시방 뭐라는 거지?"라는 문장은 완벽한 표준어인 거죠.

'쌈박하다'도 표준어라니, 참 쌈박하네!

"와, 이번 노래 진짜 쌈박하네!" 좋아하는 가수의 신곡이 나왔을 때, 저도 모르게 이렇게 외치게 되더라고요. '쌈박하다', 왠지 신조어나 비속어 혹은 방언이지 않을까 생각하는 분들이 많은데, 의외로 표준어입니다.

'물건이나 어떤 대상이 시원스럽도록 마음에 들다' 혹은 '일의 진행이나 처리 따위가 시원하고 말끔하게 이루어지다'라는 뜻이에요. 그러니까 딱 마음에 들 때 "쌈박하다"를 시원하게 사용할 수 있는 거죠.

그런데 주의할 점이 있습니다. '쌈박하다'보다 더 거세게 표현하고 싶다고 "쌈빡하다"를 써선 안 되겠습니다. '쌈빡하다'는 전혀 다른 뜻이거든요. '눈까풀이 움직이며 눈이 한 번 감겼다 떠지다. 또는 그렇게 눈을 감았다 뜨다'라는 뜻으로 '삼박하다'보다 아주 센 느낌을 주는 말입니다. 그러니까 눈을 세게 감았다 뜰 때 쓰는 표현인거죠.

마음에 쏙 드는 대상에 쓰는 표현은 "쌈박하다"만 가능합니다.

일부러 와 일부로

무슨 일인지 여자 친구의 마음이 불편해 보이는데, 남자 친구가 눈치 없이 장난을 친 것 같습니다. 그런데 이때 눈에 띄는 '일부로'. '일부러'와 참 헷갈립니다. '일부러'도 맞는 것 같고, '일부로'도 어색하지 않은 것 같은데, 뭐가 표준어일까요?

'일부러'는 '어떤 목적이나 생각을 가지고. 또는 마음을 내어 굳이'라는 뜻과 '알면서도 마음을 숨기고'라는 뜻을 품고 있는 부사입니다.

'일부로'는 '일부러'의 방언이에요. '일부러'와 비슷한 단어로 '부러'가 있는데요. '실없이 거짓으로' 혹은 '특별한 의도로. 또는 마음을 내어 굳이'를 뜻합니다. '학교에 가기 싫어서 부러 아픈 척하다'처럼 쓰여요. 이때 '부러'를 '부로'라고 소리 내는 분들이 있는데, 이 또한 방언입니다. 그래서 '일부로'라고도 헷갈려 하는 것 같아요.

표준어는 '일부러', '부러'라는 것, 이참에 기억해 두시면 좋겠습니다.

여기서 잠깐! '일부로'가 쓰이는 경우도 있어요. 그런데 뜻이 완전히 다릅니다. '한 부분. 또는 전체를 여럿으로 나눈 얼마'의 의미로 '일부분'처럼 쓰이는 거죠. 명사 '일부'에 조사 '로'가 붙는 형태입니다. '사건의 일부로 경찰 수사가 진행 중입니다', '당근은 꼭 들어가야 하는 재료 중 일부로 반드시 필요해'처럼 쓰이는데요. 이때는 '일부분으로'로 대체가 되는지 확인해 보면 쉽게 구별할 수 있습니다. '사건의 일부분으로', '꼭 들어가야 하는 재료 중 일부분으로'처럼 말이죠.

요약

일부러는 어떤 목적이나 생각을 가지고, 굳이.
　　　　알면서도 마음을 숨기고.
일부로는 한 부분. '일부분으로'로 대체 가능.

이렇게 쓰기

⋯▸ 생일 주인공이 일부러 약속 장소에 늦게 도착했다.
⋯▸ 제가 일부러 그런 게 아니에요.

20

눈꼽 과 눈곱

태윤

오늘 아침에 늦잠 자서 겨우 **눈꼽**만 떼고 나왔네. ㅋㅋ

눈꼽 말고 **눈곱**을 떼야지.

늦잠을 자서 바로 뛰쳐나가야 하는 아침. 세수할 시간은 사치죠. 그럴 때 우리는 고양이 세수만 했다고 합니다. 대충 물로 쓱 닦고 말거나 손으로 얼굴 상태를 정돈하고 마는 거죠. 이때 다른 건 몰라도 눈곱 정리는 필수인데요.

발음해 보면 [눈꼽]인데, 쓸 때는 '눈곱'으로 쓰는 게 맞습니다. '눈곱'은 '눈'과 '곱'이 결합한 말이에요. 눈에서 나오는 진득한 액, 눈의 곱인 거죠. 둘 이상의 단어가 어울려 이루어진 말은 각각 그 원형을 밝혀 적습니다. '눈'과 '곱'이 어울려 이루어진 말이므로 원형을 밝혀 적는 거죠.

그런데 왜 발음은 [눈꼽]일까요? 16세기 문헌 『훈몽자회』를 보면 '눇곱'으로 쓰여 있습니다. '눈+-ㅅ+곱'의 형태로 사이시옷이 있어 '눈곱'이 [눈꼽]으로 발음되는 것으로 볼 수 있습니다. 현행 맞춤법에서는 '눇곱'과 같은 표기를 인정하지 않기 때문에 표기에는 반영이 되지 않지만 발음에서는 인정을 하는 거죠. 참 긴 역사를 품은 '눈곱'입니다.

쉽게 기억하기

고소하고 진득한 곱창을 떠올려 보세요.
곱창에 곱이 가득 찼다고 표현하죠!
마찬가지로 **눈**에 **곱**이 찼다고 외워보세요.

이렇게 쓰기

⋯▸ 눈곱이 가득 차서 눈이 잘 안 떠져.
⋯▸ 고양이 세수로 눈곱만 정리하고 나갔다.

창피하다 와 챙피하다

외국인 친구의 맞춤법 실수! 괜찮습니다. 틀리면서 실력이 느는 거죠. 체면이 깎이는 일을 당하여 부끄러울 때 쓰는 말로 '챙피하다'를 사용하는 경우가 많은데요. 이는 잘못된 표현입니다.

흔히 쓰는 '챙피하다'가 표준어가 아니라니! 어쩌다 잘못된 표현이 이렇게 널리 쓰이게 됐을까요? 아무래도 발음 때문인 듯합니다. **'ㅣ' 모음 역행동화가 일어난 경우**인데요. **'창'이 뒷말 '피'의 'ㅣ' 모음 영향을 받아 '챙'으로 발음된 거죠**. 실제로 발음해 보면 '챙피하다'가 '창피하다'보다 좀 더 편하게 나오는 듯하기도 합니다.

비슷한 예시로 '아기'를 '애기'라고 하는 경우를 들 수 있겠습니다. 역시 'ㅣ' 모음의 영향을 받아 '애기'로 발음하는 경우가 많은데요. '애기'는 표준어가 아닙니다. '아기'로 써야 해요. 이처럼 'ㅣ' 모음 역행동화는 표준어로 인정되지 않습니다.

쉽게 기억하기

체면이 **깎**여 '창피하다'.
무언가를 **창**으로 **깎**았다고 생각해 보세요.

이렇게 쓰기

⋯▸ 창피하게 왜 이래 정말.
⋯▸ 동생이랑 싸우는 게 창피하지도 않니?

설레다 와 설레이다

소개팅 첫 만남, 분위기 참 좋았는데… 호감이 뚝 떨어지지 않게 조심하세요! '마음이 가라앉지 아니하고 들떠서 두근거리다'의 뜻을 나타내는 표준어는 '설레다'입니다.

아이스크림 이름이 너무 강렬했을까요? 노랫말에 너무 많이 들어가서일까요? '설레다'를 '설레이다'로, '설렘'을 '설레임'으로 잘못 쓰는 경우가 너무나 많습니다. 심지어 미디어에서도 잘못 사용하는 사례가 넘쳐나요. '설레이다'는 '설레다'의 비표준어예요. '설레임', '설레여서', '설레일 것 같다' 모두 틀린 표현입니다. **'설렘', '설레어서', '설렐 것 같다'**로 써야 합니다.

여기서 떠오르는 의문이 하나 있습니다! 어떤 사람(문장의 주체)이 다른 사람에게 설렘을 느끼게 한다면 '설레이다'를 쓸 수 있는 거 아닐까요? 결론부터 말씀 드리면 이 또한 틀린 표현입니다. 그럴 땐 **'설레다'의 사동형 '설레게 하다'를 사용**해야 합니다. '그는 날 설레게 했다.' 이렇게요. 그러니까 '설레이다'를 쓰는 경우는 없다는 거죠. 깔끔하게 '설레다'만 기억해 주세요.

요약

군더더기 없이 **'설레다'** 하나만 기억하세요.

이렇게 쓰기

⋯▶ 기분 좋은 설렘이야.
⋯▶ 그의 고백에 마음이 설레더라고요.

23

헤어지다 와 **해어지다**

태윤

잠이 안 온다.
나 오늘 **해어졌어**.

세종대왕님과…?

인터넷 게시글에서 본 메시지 대화가 기억납니다. 연인과 이별한 슬픔이 너무 컸던 걸까요? 잘못된 맞춤법으로 세종대왕님과도 이별할 수 있겠습니다.

둘 다 많이 쓰이는 말이죠. '헤어지다'와 '해어지다'는 발음이 비슷해 막상 적을 때 구분하기가 쉽지 않습니다. 앞에 나오는 대화는 친구에게 자신의 이별을 얘기하는 상황이죠. **'사귐이나 맺은 정을 끊고 갈라서다'는 뜻의 '헤어지다'**가 바른 표현입니다. 모여 있던 사람들이 따로따로 흩어질 때도 '헤어지다'를 씁니다. 갈라서고 흩어지고 따로 떨어지는 경우는 모두 '헤어지다'를 써요. 이와 달리 **'해어지다'는 '닳아서 떨어진다'는 의미**입니다. '옷이 해어지다', '신발이 해어지다'로 쓰입니다.

'ㅔ'와 'ㅐ'의 차이로 전혀 다른 뜻이 되어버리는 '헤어지다'와 '해어지다.' 뜻만 엔간히 통하면 되지 맞춤법을 정확하게 알아야 하느냐고 반문하는 분들도 계십니다. 우리가 아니면 누가 맞춤법을 정확하게 쓸 수 있을까요. 세종대왕님과 절대 헤어지지 말자고요.

쉽게 기억하기

'헤'의 모음 'ㅔ'를 가만히 보면, 'ㅓ'와 'ㅣ'가 서로 등지고 있죠. 마치 '헤'어진 것 같습니다.

이렇게 쓰기

…▶ 친구들과 헤어져 집으로 돌아왔다.
…▶ 해어진 양말을 버렸다.

24

역할 과 역활

제대로 알고 있다고 생각했지만 막상 자세히 보니 헷갈리는 '역할'과 '역활'. **맡은 바 직책이나 임무를 뜻하는 단어**는 둘 중 어떤 표기를 써야 할까요? 바른 표기는 **'역할'**입니다.

쓸 때는 물론 말할 때도 [여콸]이라고 소리 내는 사람이 많은데요. 어렵게 이중모음을 사용하실 필요가 없습니다. 간단하게 '역할'로 쓰고 [여칼]로 발음하시면 돼요.

'역할'과 '역활' 중 바른 표기를 설명하는 글 가운데, 예전엔 '역활'이 맞았는데 더 이상 표준어로 인정하지 않고 '역할'만 인정한다고 풀이한 글도 많이 보이는데요. '역활'이 바른 표기였던 적은 없습니다. '역활'은 표준국어대사전 초판본부터 '역할'의 잘못된 표기로 올라와 있었다고 해요. 어쩌다 '역활'이 등장했는지는 모르겠으나 표준어는 '역할'이라는 것. 굳이 불필요하게 이중모음을 사용하지 않도록 주의하셔야겠습니다.

쉽게 기억하기

'역할'을 '연극에서 맡은 할 일'로 생각해 보세요.
각 배우는 자신의 '할 일'을 맡게 되죠. '역할'을 맡습니다.

이렇게 쓰기

⋯▸ 맡은 역할에 충실하겠습니다.
⋯▸ 지도자 역할을 대신할 사람이 필요하다.

25

금세 와 금새

> **진아**
>
> 내 최애 드디어 전역!
> 빨리 콘서트도 했으면 좋겠다.
>
> 군대 간 지 얼마 안 된 것 같은데 **금새** 시간이 흘렀네.
>
> 금 달린 새도 아니고,
> 금새가 뭐야?

좋아하는 가수의 전역만 기다리는 마음. 얼마나 애가 탈까요? 그런 마음도 몰라주는 친구가 맞춤법까지 틀렸습니다.

'지금 바로', '금방'의 의미를 나타내는 건 **'금세'**가 맞습니다. '약을 먹었더니 금세 효과가 나타났다', '얼음이 금세 녹았다', '금세 잠이 들었다'처럼 쓰이죠. 이 '금세'는 '금시에'가 줄어든 말입니다. 따라서 '금새'가 될 이유가 전혀 없어요.

그럼 '금새'는 아예 틀린 말일까요? 그건 아닙니다. **'금새'**는 가격과 관련이 있어요. **'물건의 값. 또는 물건값의 비싸고 싼 정도'를 의미**하는 단어입니다.

북한 속담에 '금새도 모르고 싸다 한다'가 있어요. 값도 모르면서 싸다고 한다는 거죠. 우리가 일상에선 거의 사용하지 않는 단어지만, 이런 속담도 있다는 걸 알면 '금세'와 '금새'를 구분하기가 더 수월할 듯합니다. 둘 다 있는 말이지만 우리가 자주 사용하는 '지금 바로', '금방'을 의미하는 건 '금세'라는 거, 금세 외우셨죠?

더 나아가기

시간의 간격을 의미하는 말은 '그새'일까요? '그세'일까요?
'그사이'가 줄어든 **'그새'**가 맞습니다.
···▶ 그새 별일 없었지?
···▶ 그새 모습이 많이 달라졌다.

이렇게 쓰기

···▶ 소문이 금세 퍼졌다.
···▶ 그는 금세 떠날 준비를 마쳤다.

퀴즈 나갑니다

1. 이게 (왠/웬) 떡이야!
2. 부장님이 그러시는데, 저 식당 음식이 진짜 (맛있대요/맛있데요).
3. 이 빵 제가 먹어도 (되요/돼요)?
4. 나는 매일 퇴근길에 단골 가게에 (들렸다/들렀다) 간다.
5. 그 사람 생각과 내 생각은 (다르다/틀리다).
6. 혹시 (순대국/순댓국)도 드시나요?
7. 오늘 저녁은 (김치찌게/김치찌개) 어때?
8. 늦잠을 자서 (불야불야/부랴부랴) 뛰쳐나왔다.
9. 살다 보니 별 (희한한/희안한) 일이 다 생기네요.
10. 지난 일을 (구지/굳이) 다시 들춰내야겠어?
11. 나 참… (어의가 없네/어이가 없네).
12. 오늘 몸이 (안/않) 좋아서 조퇴할게요.
13. 심한 감기에 걸렸다면서요. 얼른 (낳길/낫길) 바랄게요.
14. 철수가 영희에게 수학 (가르켜/가르쳐) 주면 되겠다.
15. 다음에 또 (뵈요/봬요)
16. 정말 좋아하는 시를 정성스레 (베껴/배껴) 적었다.
17. 벌써 (며칠/몇 일)째야 애만 태우고.

18 (제작년/재작년) 가을에 이사 왔어요.

19 나한테 (일부로/일부러) 화난 척한 거지?

20 늦잠 잤구나! (눈곱/눈꼽)부터 떼고 오렴.

21 조용히 좀 해! 너 때문에 (창피/챙피)해 죽겠어.

22 봄이 오니 여기저기 (설레임/설렘)이 가득하네요.

23 나 오늘 여자 친구랑 (해어졌어/헤어졌어).

24 나 이번에 드디어 주인공 (역할/역활)을 맡았어!

25 조금 전까지 비가 쏟아지더니 (금새/금세) 그쳤다.

정답입니다~!

1 웬 **2** 맛있대요 **3** 돼요 **4** 들렀다 **5** 다르다 **6** 순댓국 **7** 김치찌개 **8** 부랴부랴
9 희한한 **10** 굳이 **11** 어이가 없네 **12** 안 **13** 낫길 **14** 가르쳐 **15** 봬요 **16** 베껴
17 며칠 **18** 재작년 **19** 일부러 **20** 눈곱 **21** 창피 **22** 설렘 **23** 헤어졌어 **24** 역할
25 금세

헤드라인 2

자꾸만 헷갈리는 맞춤법 ㉙

01

어떻게 와 어떡해 와 어떻해

발음이 거의 똑같아서 더 헷갈리는 '어떻게'와 '어떡해'! **'어떻게'는 '어떻다'의 부사형**이에요. 의견, 성질, 형편, 상태 등을 질문할 때 주로 쓰이죠. '어떻게 나한테 그럴 수 있어?', '이 문제를 어떻게 해결할 거야?'처럼 사용됩니다.

'어떡해'는 '어떻게 해'가 줄어든 말로 문장이 끝날 때 쓰여요. '나 어떡해', '보고 싶어서 어떡해', '뛰다가 다치면 어떡해?'처럼 쓰입니다. 즉 문장 끝에는 주로 '어떡해'가 쓰이는 거죠. '어떻게 해'로 풀어서 생각해 보셔도 좋겠네요. '나 어떻게 해', '보고 싶어서 어떻게 해', '뛰다가 다치면 어떻게 해?'처럼 말이죠.

그런데 '어떡해' 또는 '어떻게'를 '어떻해'로 쓰는 경우가 있습니다. **'어떻해'라는 단어는 없습니다. 아예 틀린 표현이에요.** 쉽게 기억하기 위해 'ㅎ'이 연달아 오면 충돌한다고 외워주세요! '어떻해'에 'ㅎ'이 연달아 쓰였죠. 사용할 수 없는 표현입니다. 'ㅎ' 받침 뒤엔 '게', 그래서 '어떻게'로 쓰고, 'ㄱ' 받침 뒤엔 '해'가 따라와 '어떡해'로 씁니다. 'ㅎ' 다음엔 'ㄱ', 'ㄱ' 다음엔 'ㅎ'이 온다고 기억해 주세요.

요약

문장 끝에 쓰이면 **'어떡해'**. 그 외엔 **'어떻게'**.
'어떻해'는 아예 틀린 표현!

이렇게 쓰기

⋯▸ 이걸 어떻게 해결하지?
⋯▸ 뛰다가 넘어지면 어떡해.

02

의 와 에

다니엘

드디어 서울에 도착했구나! 환영해.

정말 설레!
서울에 거리가 너무 궁금해!

서울의 거리…
어디 가고 싶어?

성수동! 근데 처음엔
'서울**에**'라고 하더니 방금은 왜
'서울**의**'라고 하는 거야?

외국인 친구의 지적이 예리합니다. '서울에 도착', '서울의 거리', '서울에 거리'. 조사 '의'와 '에'는 형태와 발음이 비슷하지만 문장에서 하는 역할이 서로 다릅니다.

먼저 **'의'는 체언(명사) 뒤에 붙어서** 그 뒤에 오는 또 다른 명사를 꾸며주는 역할을 합니다. '엄마의 가방', '서울의 거리'처럼 '엄마'와 '서울'이라는 체언 뒤에 붙어서 뒤에 오는 명사 '가방'과 '거리'를 수식하는 역할을 해요. 그래서 보통 **'누구의 것인지', 또는 '무엇과 관련된 것인지'를 나타냅니다.** 소유, 소속의 의미를 나타낸다고 생각하시면 쉽습니다.

반면 **'에'는 체언 뒤에 붙어서** 부사어 구실을 합니다. 뒤에 오는 서술어를 수식해요. 즉 **동작이나 상태가 '어디에서' 일어나거나 '언제' 일어나는지를 설명할 때 쓰입니다.** '학교에 간다', '여름에 수영한다'라는 문장에서처럼 '에'는 장소, 시간, 방향 등을 나타내는 말 뒤에 쓰여서 '간다', '수영한다'와 같은 동사나 형용사를 꾸며 줍니다. 주로 뒤에 움직임이나 상태를 나타내는 말이 와요. 그래서 '서울에 도착'이라고 쓰는 거죠.

정리하자면 '누구의', '무엇의'처럼 물을 수 있으면 '의'를 쓰고, '어디에', '언제'라고 물을 수 있으면 '에'를 쓰면 됩니다. 이처럼 두 조사는 문장에서 맡는 역할이 다르기 때문에, 뜻에 맞게 구분해서 사용하는 것이 중요합니다.

요약

- 뒤에 오는 명사를 수식하면 **'의'**
  - 주로 소유, 소속의 의미를 나타낼 때 쓰임.
- 뒤에 오는 서술어를 수식하면 **'에'**
  - 주로 장소, 시간, 방향을 나타낼 때 쓰임.

이렇게 쓰기

⋯ 수영부의 잘생긴 선배/수영부에 속한 잘생긴 선배.
⋯ 오늘 2시에 회의가 있다.

03

어물쩍 과 어물쩡

우연히 본 드라마의 한 장면. 몰래 사내 연애를 하는 주인공이 다른 직장 동료에게 연애와 관련한 질문을 받는 걸 봤어요. 곤란한 질문을 받았을 때 그 상황을 넘기기 위해 모호하게 답변하는 경우가 있습니다. 그러곤 대화를 다른 주제로 전환하기도 하죠. 그걸 귀신같이 알아챈 상대방!

"아니, 왜 제대로 답을 안 하고 어물쩡 넘겨요? 누구 만나는 사람 있구나!" 사생활을 얘기하고 싶지 않아 하는데 이 동료, 눈치가 없는 걸까요? 근데 맞춤법 눈썰미도 없는 듯합니다. '어물쩡'은 잘못된 표현이에요. 흔히 '어물쩡 넘기다', '어물쩡 넘어갔다'고 쓰는데요. **'말이나 행동을 일부러 분명하게 하지 아니하고 적당히 살짝 넘기는 모양'을 뜻하는 단어는 '어물쩍'입니다.** "왜 어물쩍 넘겨요?"라고 써야 하는 거죠.

태도가 분명하지 않거나 얼떨떨하고 난처할 때 쓰는 부사 '어정쩡'이 있죠. '어정쩡' 때문에 '어물쩍'을 '어물쩡'으로 잘못 쓰기 시작한 게 아닐까 추정해 봅니다. 이참에 확실히 짚고 넘어가시죠. '어물쩍', '어정쩡'은 쓸 수 있는 표현이지만, '어물쩡'

은 잘못된 표현입니다. 잘 모르는 맞춤법, 어물쩍 넘기지 말고 정확하게 짚고 가시죠.

쉽게 기억하기

어물**쩍**의 'ㄱ' 받침을 허들이라고 생각하고, 어떤 상황을 넘기려 할 때 그 허들을 애써 넘는 모습을 떠올려 보시죠.

이렇게 쓰기

⋯▸ 곤란한 질문을 어물쩍 넘기다.
⋯▸ 이번 일은 어물쩍 넘어갈 일이 아니다.

04

이따가 와 있다가

> 회사

[회식 공지]
오늘 녹화 모두 고생하셨습니다.
정리하시고 회사 앞 족발집으로
오시면 됩니다.
있다가 뵙겠습니다.

시간 : 저녁 7시
장소 : 장충동 왕족발

'이따가'와 '있다가' 둘 중 어떤 게 맞는 표현일까요? 맥락에 따라 둘 다 사용할 수 있습니다. **'이따가'**는 **'조금 지난 뒤에'를 뜻하는 부사**예요. 주로 가까운 미래 시간을 나타내는 말로 상대방에게 무언가를 계고할 때 쓰여요. '이따가 전화할게', '이따가 갈게', '이따 밥 먹고 운동 가려고'와 같이 씁니다. '이따가'를 '이따'로도 쓸 수 있습니다.

그럼 '있다가'는 어떤 의미일까요? **'있다가'**는 '있다'에 '-다가'가 결합한 말이에요. **'있는' 동작이나 상태가 끝나고 다른 동작이나 상태로 옮겨지는 걸 의미**해요. '집에 있다가 갈게', '여기 있다가 차가 도착하면 타고 와', '학교에 있다가 바로 왔어'처럼 쓰입니다. 즉 어딘가에 머물고 있다가 다음 동작으로 넘어갈 때 쓰이는 거죠. 말 그대로 '있다'의 의미를 떠올리시면 이해가 쉬울 거예요.

'있다'의 뜻풀이 중언 '얼마의 시간이 경과하다'라는 뜻도 있습니다. '조금 있으면 명절이다'처럼 쓰이는 '있다'죠. 이 뜻을 담은 '있다가'도 살펴볼 필요가 있습니다. '1년 있다가 만나자', '함께 일주일 있다가 헤어졌다'와 같이 쓰입니다. '조금 지난 뒤에'를 뜻하는 '이따가'가 들어갈 수 없는 거죠.

  '이따가', '있다가'. 발음이 비슷해 더 헷갈리실 텐데요. 그래서 문맥을 잘 파악해서 사용해야 합니다. 심화 과정으로 들어가 볼게요. '5분만 이따가/있다가 갈게.' 이 문장에서는 '이따가'와 '있다가' 중 어떤 것을 써야 할까요? 정답은 '있다가'입니다. 5분만 머물다가 간다는 의미로 해석되기 때문에 '있다가'를 써야 합니다. 가까운 미래의 행동을 예고할 땐 '이따가', 어디 머물다가 다른 행동을 할 때 혹은 얼마의 시간이 경과함을 뜻할 땐 '있다가'를 사용해 주세요.

쉽게 기억하기

- **'이따가'**는 **주로 문장 제일 앞**에 쓰이는 경우가 많음!
  ⋯▶ 이따가 전화할게.
- **'있다가'**는 **'있다'의 의미**를 떠올리기!
  ⋯▶ 5분만 있다가 잘게요.

이렇게 쓰기

⋯▶ 이따 뵙겠습니다.
⋯▶ 10분만 있다가 출발하시죠.

05

오랜만에 와 **오랫만에**

오랫동안 과 **오랜동안**

친구들

오랫만에 너희 만나서 너무 즐거웠어. 어쩜 다들 어릴 때 그대로야?ㅋㅋ

정말 **오랜만에** 만나니까 어릴 때 생각나더라.

'오랫만'과 '오랜만' 중 어떤 표현이 맞는지 알기 위해선 먼저 '오래간만'을 알아야 합니다. '어떤 일이 있은 때로부터 긴 시간이 지난 뒤'를 뜻하는 '오래간만'. '오래간만에 선생님을 찾아뵀다', '고향 사람을 오래간만에 만났다'처럼 쓰이죠. 이 '오래간만'이 줄어들어 나온 표현이 바로 '오랜만'이에요. 'ㄴ' 받침이 그대로 붙는 거죠. 그래서 '긴 시간 후에'를 의미하는 표현에선 '오랜만'을 씁니다. '오랜만에 만났다', '정말 오랜만이군', '옛 친구를 오랜만에 만났다'처럼 사용합니다.

이를 '오랫만'으로 잘못 사용하는 경우가 정말 많아요. 이는 '오랫동안'과 혼동해서 실수가 많은 것으로 추정됩니다. '오랫동안'은 '오랜만'과 의미상 차이가 있습니다. **'오랜만'이 '긴 시간 후에'를 뜻한다면 '오랫동안'은 '긴 시간 동안'을 의미**해요. 실질형태소 '오래'와 '동안'이 합쳐진 말로 이때 사잇소리 현상이 일어나 '오랫동안'이 된 거죠. '오랫동안 기다렸다', '오랫동안 함께한 친구다'처럼 쓰입니다. 예문을 보니 차이가 좀 느껴지시나요?

'오랜만'과 '오랫동안'이 마구 뒤섞여 '오랜만에'를 '오랫만에'로, '오랫동안'을 '오랜동안'으로 쓰는 혼동이 생긴 게 아닐까 싶습니다. 게다가 발음까지 비슷하니 더 헷갈리기 쉬운 거죠. 바른 표현은 '오랜만에', '오랫동안'입니다. 두 표현의 의미도 다른 만큼 정확히 구분해서 사용하셔야겠습니다.

요약

'오래간만'이 줄어들어 **'오랜만'**.
'오래'와 '동안'이 합쳐져 **'오랫동안'**.

이렇게 쓰기

⋯▸ 오랜만에 여행을 다녀왔다.
⋯▸ 그녀를 오랫동안 좋아했다.

06

든 과 던

TV 채널을 돌리던 중 느닷없이 한 보험 광고가 귓전을 때렸습니다. 보험에 가입하려던 건 아니고요. 맞춤법 '든'과 '던'을 잘못 사용했기 때문이었어요. 보험 상품을 설명하는 광고인데, 틀린 표현을 사용해 설명하니 신뢰가 떨어지더라고요. 여러분은 혹시 오류를 찾으셨나요? '통원 치료를 하던, 수술을 하던'이 아닌 '통원 치료를 하든, 수술을 하든'이 맞습니다.

'든'과 '던', 어떻게 구별할까요? 먼저 '던'은 과거의 상태나 회상을 나타내는 의미로 씁니다. '먹던 빵을 버렸다', '어제 어찌나 춥던지 강이 얼었다', '내가 봤던 풍경은 참 예뻤어'처럼 과거와 관련된 상황에 씁니다. 이와 달리 '든'은 선택지의 나열과 연관됩니다. 어느 것이 선택되어도 차이가 없는 둘 이상의 일을 나열할 때 쓰는데요. '먹든지 말든지 네 마음대로 해라', '걸어서든 뛰어서든 늦지만 말아라', '통원 치료를 하든, 수술을 하든'처럼 말이죠. **'던'은 과거의 상태, '든'은 선택지의 나열**. 이제 둘의 차이 확실히 기억하시겠죠?

여기서 한 걸음 더! 의문문도 살펴볼게요. '그 사람은 잘 있든/있던?' 어떤 게 맞을까요? 안부를 묻는 '그 사람'의 존재는 과거부터 서로 알고 있는 상황이겠죠. 과거에 직접 경험하여 새로이 알게 된 사실에 대한 물음을 나타낼 때도 '던'이 쓰입니다. 이때도 역시 '과거'와 관련이 있네요!

쉽게 기억하기

모음을 이용해 보세요!
'던'의 'ㅓ', '과거'의 'ㅓ', '던'은 **과거**.
'든'의 'ㅡ', 선택지가 --- 쭉 **나열**.

이렇게 쓰기

⋯→ 지난달은 어찌나 덥던지 서 있기만 해도 땀이 났다.
⋯→ 난 고기든 생선이든 다 좋아.

07

되레 와 되려

매일 뉴스를 진행하다 보면 정말 많은 사건 사고를 접하게 됩니다. 그중 심심치 않게 들려오는 사건이 바로 버스 승객의 난동인데요. 얼마 전, 주행 중인 시내버스 안에서 흡연을 한 승객이 있었습니다. 버스 기사가 곧바로 제지에 나섰지만, 그 승객은 연거푸 담배를 피웠죠. 이에 기사는 버스를 세우고 경찰에 신고했습니다. 그런데 그 흡연을 한 승객이 사과는커녕 되레 화를 내며 기사에게 폭언을 쏟아부었습니다. 정말 황당하고 위험한 일이죠. 다른 승객들의 안전까지 위협할 수 있는 이 같은 버스 난동 사건, 근절돼야겠습니다.

이처럼 일반적인 생각과는 다르게 전개되는 상황에서 쓰이는 '되레'. '어? 되려 아니야?' 하고 생각하는 분이 많을 것 같은데요. **'도리어'의 준말**인 **되레**가 맞습니다.

좀 생소하다고요? '으히려'의 준말 '외려' 때문이지 않을까 싶습니다. '외려'가 많이 쓰이다 보니 '되려'가 더 익숙하게 느껴지실 수도 있겠는데요. 이렇게 기억해 볼까요? '도리어'는 '리어'가 줄어들어 '레'가 된다고 생각하면 실수하지 않겠죠?

쉽게 기억하기

'도리어'가 줄어든 말 '되레'!
'리어'가 합쳐져 **'레'**가 됐다고 기억하세요.

이렇게 쓰기

⋯▶ 잘못한 사람이 되레 화를 냈다.
⋯▶ 도움을 주려 한 일이 되레 폐가 됐다.
⋯▶ 행사를 취소하니 되레 더 많은 이들이 몰렸다.

속보

문해력 제보가 들어왔습니다

'심심한 사과'라니 황당하다고요?

한 카페의 사과문이 큰 논란이 된 적이 있습니다. 사과문에 '심심한 사과'라는 표현을 사용했는데, 일부 누리꾼들이 이를 '지루한 사과'로 잘못 해석하면서 난리가 난 것입니다. 황당하다는 반응부터 조롱하는 거냐며 분노하는 반응까지. 결국 해당 카페는 '심심한 사과'를 '진심으로 사과'로 수정했습니다. 문해력 저하에 대한 큰 우려를 불러일으킨 사건이었습니다.

그럼 여기서 정확한 뜻을 알아보고 넘어갈까요?

'심심하다'는 한자어 '심심'이 사용된 말로, '심할 심甚', '깊을 심深'을 뜻합니다. '마음의 표현 정도가 매우 깊고 간절하다'는 의미죠. 따라서 '심심한 사과-'는 '깊은 사과의 마음을 전한다'는 뜻입니다. '심심한 위로'라는 표현도 쓸 수 있겠죠. 깊은 위로의 마음을 전할 때 씁니다.

'무운을 빕니다' 굳이 운이 없길 바라진 말자고요!

태권도를 배우는 어린이에게 제보가 들어왔습니다. 주말에 태권도 대회를 앞두고 열심히 연습했는데, 그 모습을 본 관장님이 웃으시면서 "무운을 빈다"라고 하셨다는 거예요. 스스로도 실력이 부족한 건 알지만 그렇다고 운이 없기까지 바라신다니… 상처받은 마음에 대회를 포기하고 싶다네요.

'무운을 빕니다.' 과연 정말로 운이 없길 바란다는 안 좋은 말일까요? '무운武運'은 '무인이나 전쟁과 관련된 운수'를 의미해요. 주로 군인이나 무술과 관련된 사람들의 행운과 안전을 기원할 때 사용하는 표현이죠. 따라서 "무운을 빕니다"는 행운을 기원하고 건승을 바라는 마음을 전할 때 써요. 그런데 '무운'의 '무'를 '없을 무無'로 잘못 알고 '운이 없다'로 오해하는 경우가 참 많습니다.

어려운 한자어 대신 쉽게 표현할 수 있는 방법은 많지만 누군가 나에게 운을 빌어줬을 땐 그 마음을 잘 받는 것도 중요하겠죠? "성공을 기원합니다"나 "행운을 빕니다"와 같은 표현으로 '무운을 빕니다'도 기억해 두시면 좋겠네요.

08

에요 와 예요

이 대리

> **어디예요?** 사장님이 행사 담당자 찾으세요.

> 아, 저 그 행사 담당자 **아니에요**.

> 담당자 여부 떠나서 맞춤법이 그게 **아니에요**!

'에요'와 '예요' 참 헷갈리죠. **'에요'는 '이다'나 '아니다' 어간 뒤에 붙는 말**입니다. '이다'의 어간 뒤에 붙어 '이에요'가 되는 거죠. 이 '이에요'가 체언 뒤에 붙어서 '책상이에요', '사람이에요', '바로 앞이에요'처럼 쓰입니다. 그런데 이 **체언에 받침이 없으면 '이에요'가 '예요'로 줄어들어요**. '담당자예요', '나무예요', '첫째예요' 이렇게 쓰입니다. 앞말에 받침이 있는지 없는지를 확인하면 쉽게 해결되겠죠?

- 받침이 있는 체언
  녹색 + 이에요 ⇨ 녹색이에요
  장남 + 이에요 ⇨ 장남이에요

- 받침이 없는 체언
  의자 + 이에요 ⇨ 의자이에요 ⇨ 의자예요
  첫째 + 이에요 ⇨ 첫째이에요 ⇨ 첫째예요

그런데 여기서 또 헷갈리는 게 나옵니다. 그럼 '아니예요'가 맞지 않나 하는 의문이 들죠. 앞서 '에요'는 '이다'나 '아니다' 어간 뒤에 붙는 말이라고 했죠. '아니다'의 어간 '아니'에 '에요'가 붙으면 그대로 '아니에요'가 됩니다. '아니예요'는 '아니+이+에요'로 존재할 수 없는 형태인 거죠. '이다' 뒤에 붙어 '이에요', '아니다' 뒤에 붙어 '아니어요'. 꼭 기억해 주세요!

쉽게 기억하기

'이다', '아니다' 뒤에 '에요'가 붙어 **'이에요', '아니에요'**.
결합하는 말에 받침이 있으면 **'이에요'**, 받침이 없으면 **'예요'**.

이렇게 쓰기

⋯→ 저 지금 학교 앞이에요.
⋯→ 이 나무는 500년이나 된 나무예요.
⋯→ 제 마음이 그게 아니어요.

09

꽁다리 와 꼬다리

요즘 전 세계적으로 한국 음식의 인기가 대단합니다. 특히 김밥 열풍이 엄청나다고 해요. 실제로 한 예능 프로그램을 보니 그 인기를 실감하겠더라고요. 해외에서 사장님 대신 한인 마트와 식당을 잠시 운영하는 프로그램이었는데, 그 가게의 어떤 메뉴보다 김밥이 불티나게 팔렸죠. 그 덕분에 출연자 모두 김밥만 마느라 그야말로 김밥 지옥이 펼쳐지곤 했습니다.

김밥 인기에 놀라며 재밌게 방송을 보고 있었는데, 같이 보던 친구가 "김밥은 꼬다리가 제일 맛있지!"라는 말을 하더군요. 고개를 끄덕이려다가 멈칫했습니다.

'짤막하게 남은 동강이나 끄트머리'를 뜻하는 말은 '꽁다리' 입니다. '꼬다리'는 '꼬투리'의 방언으로 짤막한 동강을 표현할 때 쓸 수 없어요. 김밥 꽁다리가 바른 표현입니다!

김밥 끄트머리가 댕강 잘렸다고 기억해 보세요. **댕강, 동강, 꽁다리!** 동글동글 귀여운 느낌 아닌가요? 지금 어이없다는 웃음 터뜨리셨죠? 나중에 생각나실 거예요.

쉽게 기억하기

댕강 잘린 김밥 끄트머리, 두 **동강** 난 김밥, 김밥 **꽁다리**!

이렇게 쓰기

⋯▸ 연필 꽁다리 참 귀엽네.
⋯▸ 담배 꽁다리를 줍다.

심심하다 와 슴슴하다

'슴슴하다'와 '심심하다'. 음식 맛을 볼 때 우리가 흔히 쓰는 표현이죠. **간이 조금 싱겁거나 담백한 맛을 표현할 때 쓰는 말**인데요. 둘 다 많이 쓰는 표현인데, 이 중 틀린 표현이 있는 걸까요?

표준국어대사전엔 '슴슴하다'가 '심심하다'의 잘못된 표기로 나와 있어요. 그렇게 많이 쓰이는 '슴슴하다'가 표준어가 아니라니 저도 깜짝 놀랐던 기억이 납니다. 언제부터 '슴슴하다'가 많이 쓰였나 떠올려 보니 평양냉면의 돌풍 이후인 것 같더군요. 평양냉면 육수를 딱 한 모금 마셔보면 자연스럽게 '슴슴하다'라는 표현이 떠오르거든요. 싱거운 듯하면서도 나름의 감칠맛이 도는, 담백하면서도 깊은 맛이 있는 그 육수. 개인적으로 '심심하다'보단 '슴슴하다'라는 표현이 잘 어울린다는 생각이 들었습니다. 그도 그럴 것이 북한에선 그런 싱겁고 담백한 맛을 '슴슴하다'로 표현한다고 합니다. 평양냉면과 정말 딱 어울리죠.

하지만 아직까지 국립국어원에선 '심심하다'만을 표준어로 규정하고 있어요. 훗날 '슴슴하다'도 복수 표준어가 될 수 있을지는 모르지만, '음식 맛이 조금 싱겁다'를 의미하는 단어는 '심심하다'라는 거 알아두시면 좋겠네요.

요약

음식 맛이 **'싱'**거울 땐 **'심심하다'**!
'슴슴하다'는 표준어가 아니에요.

이렇게 쓰기

⋯▸ 나물을 심심하게 무쳤다.
⋯▸ 음식은 너무 짠 것보다 심심하게 먹는 게 건강에 좋다.

11

지그시 와 **지긋이**

> 진아
>
> 요즘도 단 음식 안 먹어?
>
> 어제 케이크 먹었어. 맛있어서 눈이 **지긋이** 감김 😊

아는 맛이라 더 무서운 그 맛. 음미하느라 눈이 슬며시 감길 때가 있죠. 그럴 때 쓰는 말로 '지긋이'와 '지그시' 중 어떤 게 맞을까요? **'슬며시 힘을 주는 모양', '조용히 참고 견디는 모양'을 뜻하는 '지그시'**가 맞습니다.

'눈을 지그시 감다', '지그시 밟다', '아픔을 지그시 참았다'처럼 [지그시] 발음 그대로 '지그시'를 써야 합니다. 왠지 발음 그대로 쓰면 틀릴 것 같아 '지긋이'가 맞겠지 하고 생각하는 경우가 많은데, 과감하게 소리 나는 대로 쓰시기 바랍니다.

그렇다면 '지긋이'는 아예 틀린 말일까요? 그렇지 않습니다. 다른 뜻을 지닌 또 다른 부사예요. **'지긋이'는 '나이가 비교적 많아 듬직하게', 참을성 있게 끈지게'를 뜻합니다.** '나이가 지긋이 들어 보인다', '지긋이 나이 든 노인', '지긋이 공부한다'처럼 '지긋하다'를 뜻할 때 'ㅅ' 받침이 들어가는 '지긋이'를 씁니다. 그러니까 '지그시'와 '지긋이'는 모두 쓸 수 있는 단어예요. 이 두 단어의 발음이 [지그시]로 아예 똑같아서 더 헷갈리는데요. 문맥에 따라 적절한 단어를 써야겠습니다.

요약

슬며시 힘을 주는 모양은 **'지그시'**.
'나이가 비교적 많아 듬직하다'를 뜻하는 '지긋하다'의 의미는 **'지긋이'**.

이렇게 쓰기

⋯→ 아이는 나이답지 않게 지긋이 앉아 어른들 이야기를 들었다.
⋯→ 나이가 지긋하신 분이 실수로 내 발을 지그시 밟았다.
⋯→ 눈을 지그시 감고 맛을 음미했다.

12

일체 와 **일절**

맛나분식

떡	어	만	냉	칼	수	분
볶				국	제	식
						일
이	묵	두	면	수	비	절

매콤한 분식류가 먹고 싶어 스마트폰으로 식당을 검색하던 중이었어요. 꼭 맛집을 찾으리라는 각오로 그 어느 때보다 열정적으로 식당을 찾고 있었는데, 식욕도 잊게 만드는 글을 발견했습니다. 식당 유리창에 큼지막하게 쓰여 있는 '분식 일절'.

식당이 맛으로 승부를 내는 곳이긴 하나 이런 작은 오류가 혹여나 손님의 기대를 저버리진 않을까 걱정됐습니다. 무엇이 잘못됐는지 알아차리셨나요?

'일절'과 '일체'를 잘못 사용하는 경우가 많습니다. 형태도 뜻도 비슷하다고 알고들 있는데, 명확히 구분해서 써야 하는 단어입니다. 두 단어를 헷갈리는 원인 중 하나는 같은 한자어를 쓴다는 점일 거예요. '일절', '일체' 모두 동일한 한자 '一切'를 씁니다. '切'은 '끊을 절'과 '온통 체'라는 두 가지 뜻과 음을 가지고 있어요. 그래서 '일절'과 '일체'는 전혀 다른 뜻으로 쓰이는 거죠.

'끊을 절'로 읽는 '일절'은 '아주, 전혀, 절대로'의 의미로 주로 부정적인 문맥에서 사용됩니다. '출입을 일절 금지하다',

'그 문제에 대해 일절 언급하지 않았다'처럼 어떤 행위를 그치게 하거나 어떤 일을 하지 않을 때 씁니다. **'온통 체'로 읽는 '일체'는 '모든 것, 전부'라는 의미**예요. '권한 일체를 넘기다', '업무비 일체 회사가 부담합니다'처럼 씁니다.

그렇기 때문에 식당에서도 모든 분식을 일절 금한다는 의미가 아닌 이상 '분식 일절'이 아닌 '분식 일체'라고 써야겠죠. 같은 맥락에서 '안주 일절'이란 표현에 익숙하실 텐데, 이것도 틀린 표현입니다. 모든 안주가 갖추어져 있다는 의미의 '안주 일체'가 맞습니다.

요약

'일**절**'은 '**절**대로'.
'일**체**'는 '**전체**'.

이렇게 쓰기

⋯▸ 일절 타협하지 않겠다고 선언했다.
⋯▸ 행사 비용은 일체 주최 측이 부담합니다.

13

귀띔 과 귀뜸

태윤

왜 나한테 **귀뜸**도 안 해줬어?

이미 **귀띔**해 줬잖아.
'귀띔'이 기출 문제라니까.

아니, 나한테는 족보 안 알려줬잖아!

아무리 귀띔을 해줘도 모르네.

국어 시험에서 '귀띔'이 자주 출제된다고 귀띔을 해줘도 눈치채지 못한 친구. '귀뜸'으로 잘못 알고 있기 때문이죠. '귀띔'이 바른 표기입니다. '상대편이 눈치로 알아차릴 수 있도록 미리 슬그머니 일깨워 줌'을 뜻하는 말로, '귀가 뜨이다'에서 온 말이에요. '뜨이다'를 줄여 '띄다'로, '띄다'의 명사형은 '띔'으로 씁니다.

'귀뜸', '귀띰', '귀띔' 모두 잘못 쓴 표기로 '귀띔'으로 써야 해요. 말할 때도 **[귀뜸]이 아닌 [귀띰]으로 발음한다는 것까지 '귀띔'해 드릴게요!**

쉽게 기억하기

'귀가 뜨이다'가 줄어들었다고 생각하세요.
'뜨이다' ⇨ **띄다** ⇨ 명사형으로 **'띔'**.

이렇게 쓰기

⋯▸ 친구에게만 살짝 귀띔을 해줬다.
⋯▸ 엄마는 나에게 귀띔조차 하지 않으셨다.

꼽다 와 꽂다

'꼽다'가 왜 잘못 쓰였는지 짐작하셨나요? 소리와 생김새가 비슷해 '꼽다'와 '꽂다'를 많이 혼동하는데요. 둘 다 사용할 수 있는 말이지만 의미가 전혀 다릅니다.

'꼽다'는 여러 개 중에서 중요한 것을 선택, 지목하거나 손가락으로 세는 행위를 의미합니다. '올해 가장 중요한 안건으로 꼽힌 사안입니다', '이달의 수상자로 꼽혔다'처럼 어떤 대상이 선정되는 의미로 쓰입니다. 또한 '생일이 며칠 남았는지 손가락을 꼽았다'처럼 쓰여 손가락을 이용해 숫자를 세는 의미를 나타내기도 합니다.

이와 달리 **'꽂다'는 어떤 물건을 다른 것에 끼워 넣거나 삽입하는 동작을 의미**합니다. '볼펜을 필통에 꽂았다', '명찰을 옷에 꽂았다'처럼 무언가를 넣거나 물리적으로 고정하는 행동을 뜻하죠. 그래서 '콘센트에 충전기를 꽂아놨다'고 표현해야 합니다. 흔히 '땅에 깃발을 꼽다', '꽃병에 꽃을 꼽다', '책장에 책을 꼽다'라고 많이 표현하는데요. 모두 틀린 표현입니다. '땅에 깃발을 꽂다', '꽃병에 꽃을 꽂다', '책장에 책을 꽂다'라고 해야 바른 표현입니다. 또 시선을 고정할 때도 '꽂다'를 씁니다. '시선을 꽂다', '눈길을 꽂다'처럼 사용할 수 있습니다.

즉 '꼽다'는 선정, 지목이나 손가락으로 헤아리는 것과 관련이 있고, '꽂다'는 물리적으로 고정하거나 끼워 넣는 것과 관련이 있습니다.

요약

골라서 지목하거나 손가락으로 헤아릴 때는 **'꼽다'**.
무언가를 고정하거나 끼워 넣을 땐 **'꽂다'**.

이렇게 쓰기

⋯▶ 휴일이 오기만을 손가락을 꼽으며 기다렸다.
⋯▶ 최고의 성능을 지닌 기기로 꼽혔다.
⋯▶ 산 정상에 깃발을 꽂았다.
⋯▶ 화살이 정확히 과녁에 꽂혔다.

15

욱여넣다 와 **우겨넣다**

> 태윤
>
> 늦게 일어나서 기차 놓칠 뻔, 가방에 짐 **우겨넣고** 뛰쳐나왔어.
>
> 짐을 어떻게 우겨….

무언가를 마구 밀어 넣는다는 의미로 쓰는 말이죠. '욱여넣다'가 맞을까요? '우겨넣다'가 맞을까요? 발음은 [우겨너타]인데, 쓸 때는 '욱여넣다'가 맞습니다. 발음 그대로 '우겨넣다'로 써서 틀리는 경우가 많아요. '욱여넣다'를 잘 기억하기 위해 '욱이다'와 '우기다'의 차이를 살펴볼게요.

먼저 **'욱이다'**는 **'안쪽으로 조금 우그러지게 하다'라는 뜻**입니다. 그래서 '넣다'와 결합해 안으로 우그러지게 함부로 밀어 넣는다는 의미가 됩니다. 즉 물건을 빈틈없이 채우거나 강제로 집어넣을 때 사용하는 표현인 거죠.

반면 **'우기다'**는 **'자신의 의견을 고집스럽게 내세우다'라는 의미**예요. '그는 자기 말만 맞다고 우겼다', '억지 주장으로 우기면 대화할 수 없다'처럼 쓰이죠. '넣다'와 연결되면 문맥상 어색해집니다. 따라서 '우겨넣다'는 표준어가 될 수 없습니다.

쉽게 기억하기

'욱' 하고 화내듯이 **밀어 넣는** 느낌. **욱여넣다**!

이렇게 쓰기

⋯▸ 서랍이 꽉 찼지만 옷을 욱여넣었다.
⋯▸ 책장에 욱여넣은 책들이 쏟아졌다.

16

당기다 와 **댕기다** 와 **땅기다**

우리 가족

> 저녁 뭐 먹을래?
> 난 불나게 매운 떡볶이가 막 **댕긴다**!

> 입에 불이라도 붙었어?

> 아니, 그냥 떡볶이 먹고 싶다고.

> 그럴 땐 '**당기다**'!

입맛을 돋우는 음식이 먹고 싶을 때 '떡볶이 댕긴다', '왜 이렇게 단 게 땅기지?'처럼 쓰곤 하는데요. 어떤 감정이나 욕구가 생길 땐 '당기다'를 써야 합니다. 더 자세히 알아볼까요?

'당기다'는 두 가지 의미로 쓰입니다. 첫 번째는 물리적으로 끌어당기는 경우예요. '문을 세게 당기다', '줄을 당기다'처럼 사용됩니다. 이렇게 '끌어당기다'를 의미하는 '당기다'는 무리가 없는데, 문제는 두 번째 의미죠. **어떤 욕구나 감정이 생길 때도 '당기다'를 씁니다.** '매운 음식이 당긴다' 또는 '갑자기 낮잠이 당긴다' 같은 표현이 이에 해당합니다.

이와 달리 **'댕기다'**는 다른 뜻을 지닌 표준어예요. **'불이 옮아 붙다. 또는 그렇게 하다'**는 뜻으로, 예를 들어 '불길이 이쪽으로 댕긴다', '그의 마음에 불이 댕겼다'처럼 사용됩니다. 어떤 욕구나 감정 따위와는 전혀 관계가 없고 불과 관련이 있는 표현이에요. 따라서 '매운 음식이 댕긴다' 같은 표현은 잘못된 거죠.

그리고 **'땅기다'**는 **'몹시 단단하고 팽팽하게 되다'라는 뜻으**

로 '환절기가 되니 피부가 땅기네', '너무 웃었더니 얼굴이 땅겨'처럼 쓰입니다.

각기 다른 뜻인 '당기다', '댕기다', '땅기다'. 정확히 구별해서 써야겠습니다.

요약

줄을 **당기고**, 입맛이 **당기고**, 낮잠이 **당긴다**!
불이 **댕긴다**!
상처가 **땅기고**, 얼굴이 **땅긴다**!

이렇게 쓰기

⋯▶ 달콤한 간식이 당긴다.
⋯▶ 바짝 마른 장작에 불이 잘 댕긴다.
⋯▶ 운동을 열심히 했더니 종아리가 땅기네.

속보

문해력 제보가 들어왔습니다

길가의 '가로수'는 왜 세로로 서 있나요?

방송에서 만난 한 교사 출연자가 학생들의 문해력 문제를 호소하며 제보를 했습니다. 수업 시간에 가로수 얘기가 나왔는데, 아이가 한 질문에 너무 당황했다는 겁니다.

"가로수에서 떨어진 낙엽이 배수구를 막을 수 있어 조심해야 한다"라는 선생님의 말에, "가로수요? 나무가 세로로 서 있는데 왜 가로수예요?"라고 질문했대요. 예상치 못한 질문에 웃음이 터졌다고는 하셨지만, 학생이 장난치는 것이었길 바랐을 정도로 가슴이 철렁했다며 경험담을 털어놓으셨습니다. 이 학생, 언어유희 실력은 인정입니다.

우리가 하루에 한 번쓰은 꼭 보고 다니는 가로수. 정말 세로로 서 있는데 왜 '가로수'라고 할까요? 한자에 답이 있습니다. 가로수는 길을 따라 줄지어 심은 나무를 뜻하죠. 거리 가街, 길 로路, 나무 수樹. 거리에 길을 따라 서 있는 나무를 의미해요. 가로, 세로의 의미와는 아무 관련이 없습니다. 나중에 어린 친구들에게 비슷한 질문을 받으면 이렇게 한자를 설명해 주시면 좋겠네요.

'사흘째'가 4일째가 아니라고요?

사흘과 나흘은 날짜를 세는 순우리말입니다. 하루, 이틀처럼 말이죠. 그런데 사흘이 '4흘'인 줄 알고 4일이라고 생각하는 분이 많다고 합니다.

    사흘은 3일, 세 날을 뜻합니다. 4일은 나흘이라고 표현해요. 네 날을 뜻합니다. 1일, 2일, 3일, 4일이 하루, 이틀, 사흘, 나흘이 되는 거죠. 사흘은 '3일'의 세 날이라는 거 꼭 기억해 주세요.

더 나아가기

1일	2일	3일	4일	5일
하루	이틀	사흘	나흘	닷새

6일	7일	8일	9일	10일
엿새	이레	여드레	아흐레	열흘

'우천시'는 어디에 있나요?

학교나 행사 주최 측으로부터 "우천 시 ○○로 장소를 변경합니다" 또는 "우천 시 경기가 중단됩니다"와 같은 공지, 한 번쯤 받아 보셨죠?

이러한 공지를 보고 "으천시가 어디일까요?", "우천시의 어디로 가면 될까요?", "우천시? 몇 시죠? 5시인가요?"라고 묻는 사람들의 질문이 쏟아진다는 제보가 들어왔습니다.

'우천 시'는 지역 이름일까요? 일정 시간을 뜻하는 걸까요?

둘 다 틀렸습니다. '우천 시'로 갈 수 없습니다! '우천 시'에는 반에 행사를 진행할 수 없습니다! '우천雨天'은 '비가 오는 날씨'를 뜻하는 한자어로, '우천 시'는 '비가 오게 되면'을 의미해요. '비가 오면 ○○로 장소를 변경합니다', '비가 내릴 시엔 강당에서 진행됩니다', '비가 올 경우 경기가 중단됩니다' 이렇게 말이지요.

우천 시는 지역이나 시간을 의미하는 게 아니라 비와 관련됐다는 거 잊지 마세요.

짜깁기 와 짜집기

많이 놀라셨나요? 신선한 충격입니다. 흔히 기존 글이나 영화 따위를 가져와 편집해 만드는 일을 뜻할 때 '짜집기했다'는 표현을 많이 씁니다. '다른 사람들 말을 짜집기해 놓은 글이다', '방송 장면을 짜집기해서 예고편을 재밌게 만들었다'처럼 자주 쓰는데요.

이때 '짜집기'는 표준어가 아닙니다. '짜깁기'가 바른 표기예요. **'짜깁기'의 '깁'은 '꿰매다'를 뜻하는 '깁다'에서 온 것입니다.** 구멍이 뚫린 부분을 실로 짜서 깁는 것을 뜻해요. 영화나 글들을 가져와 내가 원하는 대로 바느질해 편집한다고 생각하시면 쉽게 그려질 겁니다. 다양한 자료들을 토대로 내가 편집해 여기저기에 끼워 넣는 짜깁기를 하는 거죠.

그래서 옷의 해어진 부분을 흠집 없이 짜서 꿰맬 때도 '짜깁기'를 씁니다. '치마의 해어진 부분에 짜깁기를 하다', '찢어진 옷들을 짜깁기해 가방을 만들었다'처럼 씁니다.

이때 '깁다'를 '집다'로 잘못 발음해 '짜집기'가 된 거죠. 발음하기엔 '짜집기'가 더 쉬워서 많이 헷갈려 하실 수도 있겠습니다. 헷갈릴 땐 바느질을 떠올려 보세요. 실로 짜서 깁는 것처럼 부족한 부분 등을 보충하거나 덧대어 내용을 만드는 모습을 상상하셔도 좋겠네요. 말할 때도 조금 더 신경 써서 [**짜깁끼**]**로 발음**하시면 완벽하겠습니다.

요약

짜깁기 = 짜다 + 깁다

이렇게 쓰기

⋯› 여러 말을 짜깁기해 원래 의미가 퇴색됐다.
⋯› 바지의 해어진 부분을 짜깁기했더니 새 옷처럼 보였다.

18

안치다 와 앉히다

> 친구들

- 우리가 잡은 숙소에서 고기 구워 먹을 수 있대!
- 오, 좋다~ 밥은 내가 **앉힐게**.

> 밥이 앉을 수도 있어?

실수가 많은 '앉히다'와 '안치다'. '안치다'를 '앉히다'의 잘못된 맞춤법으로 아는 분이 많습니다. '안치다'는 아예 없는 말이고 '앉히다'를 발음 그대로 쓴 틀린 맞춤법이라고 생각하는데요, 그렇지 않습니다. '안치다'도 표준국어대사전에 등재된 표준어입니다. '앉히다'와는 전혀 다른 뜻을 지니고 있죠.

먼저 **'앉히다'는 '앉다'의 사동사예요.** '앉게 하다'를 의미하는 단어로 '아이를 앉히다', '아이를 앉혀 놓고 밥을 먹였다', '새를 손등에 앉히다'와 같이 씁니다.

'안치다'는 '식재료를 솥에 넣고 불 위에 올린다'는 뜻이에요. '밥솥에 쌀을 안쳤다', '밥을 안치다'와 같이 씁니다. 뜻풀이를 보면 알 수 있듯이 **음식과 함께 쓰이겠죠.** 식재료를 불 위에 올릴 때는 '안치다'를 써야 합니다.

'앉히다'와 '안치다' 모두 발음이 [안치다]로 똑같아서 더 헷갈려 하시는 것 같아요. 이때는 '앉게 하다'를 넣어보면 확실히 구분할 수 있을 겁니다. '밥을 앉게 하다', '떡을 앉게 하다'

전혀 말이 안 되죠. '밥을 안치다', '떡을 안치다'로 써야 합니다. '아이를 앉게 하다', '아이를 앉게 해놓고 밥을 먹였다' 어색하지 않습니다. 이때는 '앉히다'를 사용해 '아이를 앉히다', '아이를 앉혀 놓고 밥을 먹였다'로 씁니다.

말로 할 때는 발음이 같아 편하게 사용할 수 있는데요. 글을 쓸 때는 꼭 '앉게 하다'로 한 번 더 풀어 생각해서 바른 표현으로 적어주세요.

쉽게 기억하기

'앉게 하다'를 넣었을 때 어색하지 않으면 **'앉히다'**.
말이 안 되면 **'안치다'**!

이렇게 쓰기

⋯▶ 조원들을 앉혀 놓고 계획을 설명했다.
⋯▶ 시루에 떡을 안치다.

담그다 와 담구다

'김치를 담구다? 담그다?' 어떤 표현을 써야 할까요? 흔히 '우리는 직접 김치를 담궈 먹어요', '올해도 김치를 담궜나요?'처럼 '담구다'를 활용한 표현을 많이 사용하는데요. 이는 모두 틀린 표현입니다.

표준어는 '담그다'가 갖아요. **액체 속에 넣을 때 혹은 김치나 젓갈 등을 만들어 익힐 때는 '담그다'**를 써야 합니다. '물에 발을 담그다', '김치를 담그다', '젓갈을 담그다'처럼 씁니다. 이렇게 기본형 '담그다'를 써서 문장을 만들어 보면 '담구다'가 아니라 '담그다'로 써야 한다는 것을 쉽게 유추하고 기억하실 수 있을 거예요.

헷갈리는 건 바로 활용형이죠. '담궈', '담궜다', '담구니', '담군' 같은 표현들, 참 자연스러워서 맞는 것 같습니다. 하지만 다 틀린 표현이에요. 앞서 기본형 '담그다'가 바른 표현이라고 했죠. 활용형도 '담그다'에서 나온 표현들을 사용해야 해요. '담그다'는 활용할 때 '담그'의 'ㅡ'가 탈락해 **'담가'**, **'담갔다'**처럼 활용합니다. '김치를 직접 담가 먹는다', '오이를 소금물에 담갔다'처럼 쓰여요. 'ㅜ'가 오는 경우는 전혀 없습니다.

여기서 한 걸음 더! 이와 비슷한 형태로 많이 틀리는 '잠구다' 와 '잠그다'. 역시 바른 표현은 '잠그다'예요. 활용형도 'ㅡ'가 탈락해 '잠가', '잠갔다'로 씁니다. 따라서 '문을 잠궜다'가 아닌 '문을 잠갔다'가 바른 표현입니다. 'ㅜ'가 붙지 않아요. '담그다'와 '잠그다'를 함께 기억하면 더 쉽게 떠올릴 수 있을 거예요.

요약

- **'담그다'**, **'잠그다'**, 둘 다 **'ㅡ'**가 와야 합니다.
- **'ㅡ'**가 탈락하는 활용형!
  담그다 ⇨ 담가, 담가서, 담갔다.
  잠그다 ⇨ 잠가, 잠가서, 잠갔다.

더 나아가기

- **왜 활용형에서 'ㅡ'가 탈락하는 걸까요?**

  '담그다'의 어간 '담그-'에 어미 '-아/-어'가 결합하면 '담그'의 'ㅡ'가 탈락해요.

  그래서 '담가', '담갔다'처럼 활용합니다.

  ('잠그다'의 활용형도 마찬가지입니다.)

이렇게 쓰기

⋯▸ 내가 처음 담근 젓갈이다.

⋯▸ 계곡에 발을 담갔다.

⋯▸ 김치를 담가 먹는다.

⋯▸ 문을 잠가서 안으로 들어갈 수가 없네!

20

바치다 와 **받치다**

팀장님

뽑아주셔서 감사합니다.
이 한 몸 **받쳐** 열심히 하겠습니다!

수습 기간 동안
맞춤법부터 배워야겠네.

신입사원은 무슨 실수를 한 걸까요? '받치다'와 '바치다'. 발음이 비슷해 정말 많이 혼동하는 맞춤법이죠.

먼저 **'바치다'는 '신이나 웃어른에게 정중하게 드리다'**, **'무엇을 위해 모든 것을 아낌없이 내놓거나 쓰다'**를 뜻하는 말이에요. '신에게 제물을 바치다', '평생 연구에 몸을 바치다'처럼 쓰입니다. 신입사원이 각오를 외칠 때도 "이 한 몸 바쳐 열심히 하겠습니다"라고 해야 맞겠죠.

이와 달리 '받치다'는 훨씬 더 많은 상황에서 쓰여요. '받다'에 강조의 뜻을 더하는 접미사 '-치-'가 결합한 말입니다. '먹은 것이 소화되지 않고 위로 치밀다', '단단한 곳에 닿아 몸이 아프다', '화 따위의 심리적 작용이 강하게 일어나다', '물건의 밑이나 옆에 다른 물체를 대다', '어떤 일을 잘할 수 있게 뒷받침해 주다', '우산이나 양산을 펴 들다' 등 정말 많은 뜻을 지니고 있어요. 즉 **무언가를 지탱하거나 뒷받침하거나, 지지할 때 쓰기도 하고 어떤 감정이 일어날 때 쓰기도 해요.** '양손에 쟁반을 받치다', '우산을 받쳐 들었다', '악에 받치다', '설움에 받치다'처럼 씁니다. 그러니까 무언가를 정중하게 드리거나 모든 것을 쏟아부을 때를 제외하고는 대부분 '받치다'를 쓴다고 생각하면 됩니다.

　여기서 한 걸음 더! 그럼 '받히다'는 언제 쓸까요? '받다'의 피동사로 '무언가에 세게 부딪히다'라는 뜻이에요. 즉 들이받힌 상황에서 쓰는 거죠. '소에게 받히다', '차에 받혀 다쳤다'처럼 사용합니다. '바치다', '받치다', '받히다' 모두 사용할 수 있는 말이지만 문맥과 문법에 맞게 구분해 사용해야 합니다.

요약

무언가를 정중하게 드리거나 모든 걸 쏟아부을 때는 **'바치다'**.
그 외에 대부분 상황에선 **'받치다'**.
무언가에 세게 부딪혔을 땐 **'받히다'**.

이렇게 쓰기

- 어른께 꽃을 바치다.
- 나라를 위해 목숨을 바쳤다.

- 턱을 받치고 고민에 잠겼다.
- 감정이 받쳐서 끝내 눈물이 쏟아졌다.

- 차에 받히지 않도록 조심해야 한다.
- 기둥에 받혀 혹이 났다.

21

쪼들리다 와 쪼달리다

눈덩이처럼 불어나는 카드값. 사용 내역서를 보면 한숨부터 나오죠. 월급은 통장을 스쳐갈 뿐, 좀처럼 모으기가 쉽지 않습니다. 이런 상황에서 'ㅋ-드값에 쪼달리다', '카드값에 쪼들리다'라는 표현을 쓰곤 하는데요. '쪼달리다'와 '쪼들리다' 중 어떤 게 맞는 표현일까요?

흔히 **'어떤 일이나 사람에 시달리거나 부대끼어 괴롭게 지내다'**를 뜻하는 단어로 '쯔달리다'를 사용하는데, 바른 표현은 **'쪼들리다'**예요. 가난이나 빚 등으로 고생하면서 살아가는 것을 표현하는 단어는 '쪼들리다'만 표준어로 인정하고 있습니다. '시달리다'와 비슷한 맥락으로 쓰일 때가 있어서일까요? '쪼달리다'로 잘못 사용하는 경우가 많습니다. '달'이 아닌 '들'이라는 걸 잊지 마세요!

쉽게 기억하기

'쪼들리다'! 어떤 일에 시달려 고통이 들이닥친다고 상상해 보세요.

이렇게 쓰기

⋯▸ 가난에 쪼들린 삶.
⋯▸ 빚쟁이에게 쪼들리다.

22

결재 와 **결제**

회사

다들 점심 먹으러 갑시다!

팀장님, 그 전에 **결제** 한 건 부탁드립니다.

요즘 식당은 **선결제**를 하나?

이런 상황에서는 '결제'와 '결재' 가운데 어떤 단어가 적절할까요? 둘 다 존재하는 단어이지만 뜻은 완전히 다릅니다. 직장인이라면 필수로 알아둬야 하는 단어이기도 해요. '결제 부탁드립니다'와 '결재 부탁드립니다'는 전혀 다른 뜻을 의미합니다.

먼저 '결제'부터 짚어볼게요. 'ㅔ'를 쓰는 **'결제'는 돈을 내거나 돈으로 거래 관계를 할 때 쓰는 경제 용어**입니다. '카드로 결제할게요', '마감 시간이라 결제 먼저 부탁드릴게요', '현금 결제 가능한가요?'처럼 씁니다. 친구들과 점심값을 나눠 낼 때도 '오늘 누가 결제했어?', 혹은 '일단 내가 결제할게. 이따 돈 보내줘'처럼 많이 쓰이죠.

이와 달리 'ㅐ'를 쓰는 **'결재'는 회사 같은 업무 공간에서 주로 쓰입니다.** 상관이 부하가 제출한 안건을 승인한다는 의미예요. '결재 서류', '결재를 올리다', '드디어 결재를 받았다'처럼 사용해요.

앞의 대화에서는 점심을 먹으러 가기 전에 팀장님께 서류를 먼저 검토하고 승인해 달라는 말이었죠. '먼저 결재 부탁드립니다'로 쓰는 게 맞습니다. "결재했으니 진행 시켜!" 팀장님의 빠른 결재 후 다 같이 맛있는 점심을 먹으러 가셨길 바랍니다.

요약

'**결제**'는 계산할 때, 돈 관련 거래를 끝맺을 때(카드 결제).
'**결재**'는 상사에게 안건을 승인받을 때(서류 결재).

이렇게 쓰기

⋯▸ 가상 화폐가 등장하면서 결제 시스템의 변화가 예상된다.
⋯▸ 아직 부장님 결재 대기 중입니다.

23

뒤풀이 와 뒷풀이

회사

[뒷풀이 공지]
여러분 덕분에 하반기 프로젝트가 성공적으로 끝났습니다.
뒷풀이가 있으니 꼭 참석해 주세요.

시간 : 12월 24일 오후 5시
장소 : 만선 횟집

회사에서 동료들과 함께 프로젝트를 끝내게 되면 전우애가 생기곤 합니다. 함께 고생하며 난관을 헤치고 결과물을 냈을 때의 희열! 그 감정을 간직한 채 서로를 위로하고 격려하기 위해 식사 자리를 마련하곤 하죠. 그런 자리를 뜻하는 표현, '뒷풀이'가 바른 표기가 다니란 사실, 알고 계신가요?

대부분의 사람이 '뒷풀이'로 쓰는데, 바른 표기는 '뒤풀이'입니다. 'ㅅ' 받침이 들어가지 않아요. 많이 당황하셨나요? '뒤풀이'가 어쩌다 '뒷풀이'로 더 많이 알려지게 됐을까요? '뒤'에서 파생된 단어들이 '뒷문', '뒷머리'처럼 '뒷'의 형태로 쓰이는 경우가 많기 때문인 듯합니다.

사이시옷은 합성어 중에서 뒷말의 첫소리가 된소리로 나거나 'ㄴ' 소리가 덧나는 경우에 써요. 하지만 **이미 된소리나 거센소리일 때는 사이시옷을 쓰지 않아요.** '뒤풀이'는 이미 거센소리에 속하죠. 사이시옷이 붙지 않습니다. '뒤통수'도 마찬가지예요. '뒷통수'가 아닌 '뒤통수'입니다. '뒤통수가 따갑다', '뒤통수를 치다'처럼 씁니다. 그럼 '뒤태', '뒷태'도 어떤 표기가 맞는지 아시겠죠? 그렇습니다. '뒷태'가 아닌 '뒤태'가 바른 표기랍니다. '뒤태가 참 멋있다', '뒤태만 봐도 누군지 알겠다'처럼 사용됩니다. 이 같은 원리로 '위층'도 '윗층'이 아닌 '위층'으로, '위쪽'도 '윗쪽'이 아닌 '위쪽'으로 씁니다. 이제 확실히 아시겠죠? 앞으로 공지를 남길 땐 꼭 '뒤풀이 있습니다'로 적기로 해요.

쉽게 기억하기

어떤 행사나 모임이 끝난 **'뒤'**에 함께 모여 긴장을 **'푸는'** 활동.
'뒤'에 **'풀이'**를 한다고 기억하세요!

이렇게 쓰기

⋯▶ 오늘 뒤풀이 있는 거 알고 계시죠?
⋯▶ 어제 뒤풀이하면서 그동안 못다 한 이야기를 털어놨다.

24

게요 와 께요

> **우리 가족**
>
> 집에 올 때 참깨 사 오는 사람 용돈 2만 원~
>
> 누나, 심부름 내가 **할께**.
>
> 언니 내가 **할게**! 지금 마트 다 와 감.

'~게요', '~께요'. 발음 때문에 많이 헷갈리는 맞춤법 중 하나입니다. '할게요', '올게요', '먹을게요'를 자연스럽게 발음해 볼까요? 모두 [할께요], [올께요], [머글께요] 된소리로 발음이 되죠. 그래서 쓸 때도 '~께요'로 표기하는 경우가 많습니다.

하지만 바른 표현은 '-(으)ㄹ게'가 맞습니다. '-ㄹ게'는 어떤 행동에 대한 **약속이나 의지를 나타내는 종결 어미**예요. 'ㄹ'로 시작되는 어미는 된소리가 나더라도 발음대로 적지 않고 예사소리로 씁니다. 그래서 '할게요', '올게요', '먹을게요' 모두 '게'로 적는 게 맞습니다.

그렇다면 앞에 오는 동사의 받침이 'ㄹ'로 끝나는 경우는 어떨까요? '빌다', '깔다', '널다'에 '-ㄹ게'가 붙어도 '게'로 써야 할까요? 아니면 앞에 예시와 달리 '께'로 적어야 할까요? 정답은 그래도 '게'입니다. 'ㄹ' 받침인 동사 어간 뒤에도 '-ㄹ께'가 아닌 '-ㄹ게'가 붙어 하나의 음운이 탈락합니다. '빌게요', '깔게요', '널게요'가 바른 표현이라는 거죠.

즉 문장 마지막에 오는 '께'는 없습니다. 모두 '게', 혹은 '게요' 밖에 없어요. 쓸 때는 '-ㄹ게요' 발음할 때는 [께요].

쉽게 기억하기

문장 끝에 쓰일 때 '께'는 없습니다! 모두 **'게'**만 와요.
'께'는 '에게'의 높임말로 기억하세요.

이렇게 쓰기

⋯▸ 이따가 연락드릴게요.
⋯▸ 고마워, 잘 먹을게.

속보

문해력 제보가 들어왔습니다

금이 귀하긴 한데… '금하다'도 좋은 걸까요?

한 어린이집 교사가 요즘 학부모들과 소통이 잘 안된다며 어려움을 호소했습니다. "○○○을 금합니다"라는 안내를 하면 '금'이 가장 좋다는 뜻으로 알고 '○○○을 하면 가장 좋습니다'로 받아들인다는 겁니다.

· 교실에 늦게까지 남아 있는 것을 금합니다.

어떤 뜻으로 이해하셨나요? '교실에 늦게까지 남아 있으면 공부를 열심히 할 테니 좋다는 거겠지?', 이렇게 생각하셨다면, 이번에 꼭 정확히 기억하시길 바라요. '금하다'는 '어떤 일을 하지 못하게 말리다'라는 뜻이에요. 즉 '금지하다'로 생각하면 됩니다.

"이 지역에서는 불꽃놀이를 금합니다"는 불꽃놀이를 할 수 없다는 뜻이지요. "도서관에서는 음식 섭취를 금합니다"도 도서관에서는 음식 먹는 걸 허용하지 않는다는 뜻입니다.

'금일'은 금요일의 줄임말?

"신청서는 금일 마감입니다", "금일까지 책을 반납해 주세요", "금일 회의는 취소됐습니다"와 같은 알림 사항들 본 적 있으시죠?

그런데 '금일'이 언제인지를 두고 의견이 분분하다는 제보가 들어왔습니다. '금요일인가요?', '금하다, 금지하다의 의미로 쓰여서 어떤 일이 금지되는 날인가요?' 하고 묻는 분들이 있다고 하는데요. '금일'은 지금 지나가고 있는 이날, 즉 오늘입니다. 이제, 오늘을 뜻하는 한자 'O 제 금今'이 쓰였어요. 그러니까 금요일도 아니고 무엇을 금지하는 날도 아닙니다.

· 신청서는 금일(=오늘) 마감입니다.
· 금일(=오늘) 회의는 3시입니다.
· 금일(=오늘)까지 책을 반납해 주세요.

더 나아가기

- **작일** = 오늘의 바로 전날, **어제**.
  택배가 작일(=어제)에 출발했습니다.
- **금일** = **오늘**.
  문서 제출은 금일(=오늘)까지입니다.
- **명일** = 오늘의 바로 다음 날, **내일**.
  행사는 명일(=내일) 오전에 진행될 예정입니다.
- **익일** = 어느 날 뒤에 오는 날, **기준이 되는 날의 다음 날**.
  택배는 주문일로부터 익일(=다음 날)에 발송될 예정입니다.

'중식'은 어느 나라 음식인가요?

학교에서 발송한 가정통신문에 적힌 '중식 제공'이란 문구와 관련해 일부 학부모들이 문의를 한다고 합니다.

"우리 아이는 중식을 잘 못 먹는데 왜 한식은 안 주나요?", "중식을 제공한다더니 왜 샌드위치가 나왔죠?"라고 의문을 품는 거죠. 중식 제공은 정확히 무슨 뜻일까요?

중식은 '중국(식) 음식'을 뜻하기도 하지만 '점심 식사'를 의미하기도 해요. 중식 제공은 아이들에게 점심을 제공한다는 뜻인 거죠. 그게 한식일지, 중식일지, 서양식일지는 알 수 없는 문구입니다. 아침 식사는 '조식', 점심 식사는 '중식', 저녁 식사는 '석식'. 더 이상 웃지 못할 논란이 생기지 않도록 문맥에 맞게 의미를 잘 파악해야겠습니다.

너비 와 넓이

흔히 어깨 길이를 나타낼 때 '어깨 넓이'라고 많이 표현합니다. "발을 어깨 넓이만큼 벌려주세요"라는 말, 운동할 때 많이 들어보셨죠. 또 인터넷 기사 제목을 보면 운동을 열심히 한 연예인들의 어깨를 주목하며 '믿기 힘든 어깨 넓이'처럼 표현하는데요. 이는 정확한 표현이 아닙니다.

'넓이'는 공간의 전체적인 크기, 즉 면적을 의미합니다. 어떤 지역이나 사물의 전체적인 크기를 표현할 때 쓰여요. '운동장 넓이가 넓다', '이 방의 넓이는 10평이다'처럼 면적을 나타낼 때 사용합니다. 그럼 양어깨 사이의 거리를 표현할 땐 어떤 단어를 써야 할까요?

바로 '너비'를 써야 합니다. **'너비'는 가로의 길이, 즉 폭을 나타낼 때** 쓰여요. 어떤 물체나 공간이 좌우로 얼마나 떨어져 있는지를 나타낼 때 사용합니다. 그래서 양어깨 사이의 가로 폭을 나타낼 때는 '어깨너비'라고 표현해야 하는 겁니다. 심지어 '어깨너비'는 한 단어로 인정됐어요. 띄어 쓰지 않고 붙여서 한 단어로 쓰면 됩니다. 또 '책상의 너비를 재다'처럼 책상의 가로 폭을 측정하는 경우나 '도로의 너비', '강의 너비'처럼 가로로 건너지른 거리를 표현할 때도 '너비'를 씁니다.

 비슷한 듯하지만 전혀 다른 뜻을 지닌 '넓이'와 '너비'. '넓이는 면적, 너비는 가로 폭'이라고 기억해 주세요. 공간의 전체 크기를 나타낼 때는 '넓이'를, 길이나 폭을 측정할 때는 '너비'를 사용하면 됩니다.

요약

'**넓이**'는 공간의 면적.
'**너비**'는 길이나 가로 폭.

이렇게 쓰기

⋯▶ 어깨너비가 달라졌다
⋯▶ 책상 너비가 몇 센티디터야?
⋯▶ 바다의 넓이는 어마 o 마하게 넓었다.
⋯▶ 한 평 넓이의 땅.

26

가능한 한 과 가능한

태윤

보고서 제출했어?
교수님이 **가능한** 빨리 내라고 하셨어.

가능한 빨리?
서두르다가 문법 실수한 채로
제출한 건 아니지?

'가능한'과 '가능한 한'은 형태가 비슷하지만, 의미와 쓰임새에서 차이가 있습니다. '가능한'은 형용사 '가능하다'의 관형사형으로, 뒤에 오는 명사나 의존명사를 꾸며줘요.

예를 들어 "가능한 방법을 찾아보자"에서 '가능한'은 '방법'을 수식하며, '실현할 수 있는'이라는 의미를 나타내요. 즉 **'가능한'**은 뒤에 수식할 명사나 의존명사가 있어야 하고, **단순히 어떤 일이 실행될 수 있는지를 나타낼 때 사용**됩니다.

반면 '가능한 한'은 '할 수 있거나 될 수 있는 조건에서', '될 수 있는 대로' 또는 '되도록'의 의미로 쓰이는 부사구입니다. "가능한 한 빨리 와주세요"라는 문장에서 '가능한 한'은 '될 수 있는 대로'의 의미를 지니며 '빨리'를 강조하는 역할을 합니다. 이처럼 **'가능한 한'은 특정한 기준 내에서 최선을 다하는 의미**를 포함하고 있습니다.

혼동을 피하는 방법은 간단합니다. '가능한'은 명사를 꾸밀 때, '가능한 한'은 부사처럼 사용되어 동작이나 상태의 정도를 나타낼 때 쓰입니다.

예를 들어 볼까요? "가능한 시간에 연락 주세요"는 맞는 표현이지만, '가능한 빨리 연락 주세요"는 잘못된 표현입니다. '가능한 한 빨리 연락 주세요'로 써야 올바른 표현이 되겠습니다.

쉽게 기억하기

명사 앞에선 **'가능한'**.
부사나 동사 앞에선 **'가능한 한'**.

이렇게 쓰기

⋯▶ 그건 충분히 가능한 일입니다.
⋯▶ 회의가 가능한 시간이 언제입니까?
⋯▶ 회의는 가능한 한 빨리 끝내시죠.
⋯▶ 여행 가방은 가능한 한 가볍게 챙겨주세요.

쓰레받기 와 쓰레받이

○○월 ○○일 뉴스

아수라장 된 도로 위, 빗자루와 쓰레받이 든 시민들

 ○○○ 기자 ♡ 22 ⋯ 13

주류를 실은 트럭의 술병이 쏟아져 도로 일대가 아수라장이 됐습니다. 유리 조각과 주류 거품이 순식간에 도로를 뒤덮었는데, 인근 시민들에 의해 도로가 빠르게 정리되었다는 훈훈한 소식이 전해졌습니다.
인근 주민들이 빗자루와 **쓰레받이** 등을 가지고 나와 30여 분 만에 정리한 겁니다.

-2022.08.14. 《뉴스1》 기사 재구성

생각만 해도 아찔한 상황입니다. 도로에 술병이 쏟아져 일대가 난리가 난 거죠. 통행도 어렵고 운전자 혼자 다 치울 수도 없는데, 인근 시민들의 도움으로 빠르게 위기 상황을 정리할 수 있었네요. 그런데 인근 시민들이 들고나온 빗자루와 쓰레받이. 뭔가 이상한 걸 못 느끼셨나요?

쓰레기를 받는 도구의 의미로 쓰인 '쓰레받이'는 표준어가 아닙니다. 표준어는 '쓰레받기'예요. 기사에서도 잘못 사용한 것처럼 많은 사람이 '쓰레받이'로 알고 있습니다. 그래서 말할 때도 [쓰레바지]로 발음하는 경우가 많아요. "청소 마무리하게 [쓰레바지] 좀 가져와"처럼 말이죠. 하지만 이는 잘못 사용된 경우입니다.

쓰레기에 **'받다'의 명사형인 '받기'를 붙여 '쓰레받기'로 써야 합니다.** 무언가를 주고받을 때도 '주고받기'라고 하고 '대출받기', '상품 받기'처럼 '받다'의 의미가 사용된 경우 명사형으로 쓸 때는 주로 '받기'를 쓰죠. 쓰레기를 받는 도구를 표현할 때도 '쓰레받기'로 써야 합니다. 그래서 **발음할 때도 [쓰레받**

끼]로 소리 내야 합니다. "[쓰레받끼] 가 필요해", "[쓰레받끼] 좀 가져다줄래?"처럼 사용하시면 됩니다.

요약

'받다'의 명사형 '받기'가 결합돼 **'쓰레받기'**!

이렇게 쓰기

··› 알림장 준비물에 쓰러 받기가 적혀 있다.
··› 쓰레받기를 사용하니 정리가 빨리 됐다.

먼지떨이 와 먼지털이

○○월 ○○일 뉴스

방송인 ○○○ 가장 아끼는 물건이 '먼지털이'

○○○ 기자 ♡ 12 ⋯ 15

○○○이 가장 아끼는 물건이 **먼지털이**라고 밝히며 "비염으로 고생했는데 매일 먼지를 털다 보니 기관지가 좋아졌다"고 말했다. 갖가지 먼지털이도 자신의 유튜브 채널에서 소개하며 누리꾼들의 관심을 끌고 있다.

얼마 전, 지인이 열심히 인터넷으로 무언가를 검색하고 있길래 뭘 찾는지 물었습니다. 주말에 대청소를 하겠다며 청소 도구를 주문할 거라고 하더군요. 마침 검색하던 게 '먼지털이'였는데 인터넷 창에 수십 개의 '먼지털이'들이 나열되더라고요.

그런데 놀라지 마세요. '먼지털이'는 표준어가 아닙니다. 흔히 사용되는 '먼지털이'가 표준어가 아니었다니, 저도 처음에는 당황했어요. 표준어는 '먼지떨이'였습니다. 왜 '떨이'가 붙는 걸까요? '떨이'의 기본형은 '떨다'인데요. '떨다'는 달려 있거나 붙어 있는 것을 쳐서 떼어낸다는 뜻이에요. 그래서 **먼지를 떠는 기구를 뜻하는 말로 '먼지떨이'**가 된 거죠.

그럼 담배를 태워 나온 재를 버리는 그릇은 '재털이'일까요? '재떨이'일까요? 눈치채셨나요? 역시 '재떨이'가 맞습니다. 담배에 붙어 있는 재를 떨어놓는 그릇은 '재떨이'가 표준어입니다.

많이들 혼동하는 '털다'는 달려 있거나 붙어 있는 것이 떨어지게 흔들거나 친다는 뜻이에요. '먼지 묻은 옷을 털다', '이불을 털다'처럼 쓰입니다. 헷갈릴 땐 이렇게 외워볼까요? '옷을 털어 먼지를 떨다'. 그래서 '먼지떨이', '재떨이.'

요약

먼지를 떨어내는 도구는 **'먼지떨이'**.
담뱃재를 떨어놓는 그릇은 **'재떨이'**.

이렇게 쓰기

⋯ 대청소를 위해 먼지떨이를 준비했다.
⋯ 이불을 털어 먼지를 떨어냈다.

29

이 와 히

우리 가족

방 좀 지워. 엄마가 언제까지 **일일히** 뒤치다꺼리해 줘야 되니?

나름대로 **틈틈히** 치운 건데요.

부사의 끝음절이 '이'로 끝나는 단어가 있고 '히'로 끝나는 단어들이 있죠. 늘 헷갈리고 자주 틀리는 맞춤법입니다. 한글 맞춤법 제51항에 따르면 부사의 끝음절이 분명히 '이'로만 나는 것은 '-이'로 적고, '히'로만 나거나 '이'나 '히'로 나는 것은 '-히'로 적는다고 나와 있습니다.

- **끝음절이 '이'로만 나는 단어**
  깨끗이, 가까이, 많이, 번번이, 일일이, 번거로이, 틈틈이 등

- **끝음절이 '히'로만 나는 단어**
  극히, 딱히, 특히, 정확히 등

- **끝음절이 '이'나 '히'로 나는 단어**
  솔직히, 가만히, 조용히, 분명히 등

그런데 특히 헷갈리는 단어들이 있습니다. '깨끗이/깨끗히', '틈틈이/틈틈히', '다행히/다행이'. 하나씩 짚어볼게요.

깨끗이와 깨끗히

어렸을 적 한 번은 불러봤을 동요 〈둥근 해가 떴습니다〉 기억나시죠? 노랫말에서 서수할 때 깨끗이 닦는 법을 알려주잖아요. 오랜만에 흥얼거려 볼까요? '세수할 때는 깨끗이' 이때 '깨끗이'를 어떻게 발음하셨나요?

'이'로 발음 나는 대표적인 예가 바로 '깨끗이'입니다. 발음도 [깨끄시]로 소리 내야 합니다. 하지만 많은 사람이 발음 자체를 잘못 알고 [깨끄치]로 틀리게 발음하는 경우가 많습니다. '깨끗이 씻어라', '깨끗이 닦아야지', '깨끗이 치울게요' 모두 [깨끄치]가 아닌 [깨끄시]로 발음합니다. 이렇게 기억해 볼까요. **'ㅅ' 받침 뒤에는 부사형 접미사 '이'를 적습니다. '깨끗이', '반듯이', '버젓이'**처럼 말이죠.

틈틈이와 틈틈히

퀴즈 대결을 진행하다 보면 참가자들의 상식과 언어 실력에 정말 감탄을 금치 못할 때가 많습니다. 그래서 어떻게 공부하는지 여쭤보면 많은 분이 "짬이 나는 대로 틈틈이 책도 보고 반복해서 외운다"고 비결을 전합니다. 역시 꾸준히 노력하는 것만이 답일까요? 그저 존경스러울 뿐입니다.

그런데 여기서 틈틈이! 제대로 쓰였을까요? 네, 정답입니다. '틈틈히'로 잘못 쓰는 경우가 많은데, '틈틈이'도 끝음절이 '이'로만 나는 대표적인 단어입니다. 이렇게 기억해 볼까요. **'겹겹이', '짬짬이', '알알이', '샅샅이'처럼 명사가 두 번 겹쳐 쓰인 뒤엔 '이'가 온다!**

다행히와 다행이

'뜻밖에 일이 잘되어 운이 좋음'을 뜻하는 명사 '다행'. 부사로 쓰일 땐 '다행이'와 '다행히' 중 어떤 게 맞을까요? 답을 아신다고요? 다행입니다!

정답은 '다행히'가 맞습니다. 명사 '다행'은 형용사 기본형으로 '다행하다'로 쓰이는데요. **부사 형태로는 '다행히'로 씁니다.** 여기서 드는 의문이 있습니다. '참 다행이다'라는 표현을 많이 쓰는데 그럼 '이다'가 붙으면 안 되나요? 문제없는 표현입니다. 명사 '다행'에 서술격 조사 '이다'가 붙어 '다행이다', '다행입니다'로 표현합니다.

쉽게 기억하기

1. '하다'를 넣어 자연스러우면 '히'

간편하다(○) 간편히, 꼼꼼하다(○) 꼼꼼히

다행하다(○) 다행히, 분명하다(○) 분명히

곰곰하다(×) 곰곰이, 틈틈하다(×) 틈틈이

2. '하다'가 자연스러워도 'ㅅ' 받침 뒤엔 '이'

깨끗이, 따뜻이, 반듯이

3. 겹쳐 쓰인 명사 뒤엔 '이'

겹겹이, 곳곳이, 알알이, 샅샅이

이렇게 쓰기

⋯▶ 방을 깨끗이 치우지 않아서 번번이 엄마한테 혼났다.

⋯▶ 곰곰이 생각해 보니 내가 잘못한 거 같아.

퀴즈 나갑니다

1. 이걸 나 혼자 (어떻해/어떻게/어떡해) 하란 말이야!
2. 그 (드라마의/드라마에) 주인공이 너무나 안쓰러웠다.
3. 애교로 (어물쩡/어물쩍) 넘어가려고 하지 마.
4. 그 남자 여기서 한참 동안 서 (이따가/있다가) 갔어.
5. 이게 얼마 만이니! 정말 (오랫만/오랜만)이다.
6. (그러든지 말든지/그러던지 말던지) 네 마음대로 해.
7. 적반하장도 유분수지! 나한테 (되려/되레) 화를 내더라니까?
8. 오늘은 일찍 퇴근할 거(에요/예요).
9. 김밥은 (꽁다리/꼬다리)가 제일 맛있지.
10. 역시 평양냉면은 (슴슴한/심심한) 맛으로 먹는 거지.
11. 뭉친 근육을 (지그시/지긋이) 눌러 풀어주셔야 합니다.
12. 분실에 대한 (일체/일절) 책임은 모두 본인에게 있습니다.
13. 떠나면서 나한테 (귀쯤/귀띔)도 안 해주고. 너무해!
14. 분명히 충전기에 (꽂아/꼽아) 놨는데 왜 충전이 안 됐지?
15. 옷장에 옷을 그렇게 (욱여넣으면/우겨넣으면) 나중에 어떻게 찾아?
16. 오늘은 매콤한 게 (땡기는/당기는) 날이다.
17. 네가 쓴 대본 맞아? 온통 다른 작품 (짜집기/짜깁기)한 내용인데?

18 여보, 밥 좀 (안쳐/앉혀)줄래요?

19 욕조에 몸을 (담그니/담구니) 피로가 풀렸다.

20 물컵을 쟁반에 (바쳐/받쳐) 옮겼다.

21 지난달 지출이 많았던 터라 이번 달은 살림이 더 (쪼달린다/쪼들린다).

22 부장님, 서류 (결재/결제) 부탁드립니다.

23 내일 (뒷풀이/뒤풀이) 있는 거 다들 아시죠?

24 그 짐은 제가 옮길(께요/게요).

25 발을 어깨(넓이/너비)만큼 벌리고 서주세요.

26 급한 일이라 (가능한 한/가능한) 빨리 연락 주세요.

27 청소 도구함에서 (쓰레받기/쓰레받이) 좀 가져다줄래?

28 본격적인 청소에 앞서 먼저 (먼지떨이/먼지털이)로 먼지를 제거했다.

29 영어 단어는 (틈틈히/틈틈이) 외워야 까먹지 않지.

정답입니다~!

1 어떻게 **2** 드라마의 **3** 어물쩍 **4** 있다가 **5** 오랜만 **6** 그러든지 말든지 **7** 되레 **8** 예요
9 꽁다리 **10** 심심한 **11** 지그시 **12** 일체 **13** 귀띔 **14** 꽂아 **15** 욱여넣으면 **16** 당기는
17 짜깁기 **18** 안쳐 **19** 담그니 **20** 받쳐 **21** 쪼들린다 **22** 결재 **23** 뒤풀이 **24** 게요
26 너비 **26** 가능한 한 **27** 쓰레받기 **28** 먼지떨이 **29** 틈틈이

헤드라인 3

이 정도면 나도 맞춤법 고수 ⑲

01

믿기십니까 와 믿겨지십니까

일상 곳곳에서 헷갈리는 맞춤법이나 문법을 바르게 쓰는 경우를 보면 참 반갑게 느껴집니다. 연예인들이 직접 요리를 해 구내식당을 운영하는 유튜브 영상을 보고 있었어요. 하이라이트 영상을 함께 보며 각자 소감을 말하는 장면이었는데, 그중 한 배우의 말이 귀에 딱 박혔습니다. "3일이란 시간이 믿기지 않는다." 정말 예문처럼 적절한 표현을 사용했습니다.

요즘 '믿다'의 피동 표현으로 '믿겨지다', '믿겨지지 않는다'를 쓰는 경우가 많습니다. 언제 한번은 라디오를 듣는데, 한 진행자가 "여러분, 대한민국에서 이런 일이 일어나고 있다는 게 믿겨지십니까?"라고 말하더군요. 어색하게 들리지 않는다는 분들도 분명 있을 텐데요. 적절하지 않은 표현이에요.

'믿겨지다'는 '믿다'의 피동형 '믿기다'에 또 '-어지다'가 붙어 이중 피동이 된 경우입니다. 불필요한 게 추가된 거죠. **'믿겨지지 않는다'가 아닌 '믿기지 않는다'로, '믿겨지십니까?'가 아닌 '믿기십니까?'로 써야 바른 표현입니다.** 혹은 '믿다'의 어간에 '-어지다'를 붙여 '믿어지다'로 쓸 수도 있습니다. '믿어지지 않는다', '믿어지십니까?'로 쓰는 건 문제가 없겠습니다. 다만, 두 개를 합치는 건 틀린 표현입니다.

또 많이 혼동하는 표현이 '잊히다'와 '잊혀지다'입니다. 흔히 '그의 말이 잊혀지지 않아', '잊혀진 계절'이라고 쓰는데요. 이 역시 이중 피동으로 적절하지 않은 표현입니다. **'잊다'의 피동사는 피동 접사 '히'를 붙여 '잊히다'로 씁니다.** 여기에 또 '-어지다'를 붙여 '잊혀지다'로 쓰면 이중 피동이 되는 거죠. 그렇기 때문에 '그의 말이 잊히지 않아', '잊힌 계절'로 써야 적절한 피동 표현이라고 할 수 있겠습니다.

요약

믿다 ⇨ 믿기다

잊다 ⇨ 잊히다

여기에 또 '**-어지다**'를 붙이면 **이중 피동**!

이렇게 쓰기

⋯⋯▶ BTS의 활약이 믿기시나요?

⋯⋯▶ 믿기지 않는 이야기에 소름이 돋았다.

⋯⋯▶ 오래전에 잊힌 일들을 다시 꺼내 놓았다.

⋯⋯▶ 그 사건은 시간이 지나면서 점점 잊혀 갔다.

02

좇다 와 쫓다

태윤

> 나 결심했어!
> 돈 대신 행복을 **쫓으며** 살 거야.

행복을 어떻게 **쫓아다녀**?

> 아니, 행복을 추구하면서 살겠다고.

아, 행복을 '**좇**'겠다는 거지?

> 뭐? 지금 욕한거야?

'좇다'와 '쫓다'. 형태가 참 비슷하지만 전혀 다른 뜻을 지닌 표현입니다. 먼저 **'쫓다'**의 의미는 잘 아실 거예요. '어떤 대상을 실제로 뒤따라가거나 내몰다'라는 뜻입니다. 즉 **물리적인 움직임이 수반되는 경우**에 사용합니다.

예를 들어 '경찰이 도둑을 쫓고 있다'라는 문장에서 '쫓다'는 실제로 경찰이 도둑을 따라가는 행동을 의미합니다. 또 '고양이가 쥐를 쫓아 달려갔다'처럼 동물이 다른 동물을 뒤쫓는 상황에서도 사용됩니다. 또한 '쫓다'는 어떤 대상을 내몰거나 쫓아버리는 의미로도 쓰입니다. '집 안으로 들어온 벌을 쫓았다'처럼 벌이 집 안에서 나가도록 내몰았다는 의미로 쓰이는 거죠.

반면 **'좇다'**는 '어떤 목표나 대상을 따라가거나 추구하다'라는 뜻입니다. 이때 좇는 대상은 눈에 보이지 않는 경우가 많아요. 우리가 **삶에서 중요하게 여기는 가치나 이상, 목표 같은 것들을 따를 때** 주로 사용합니다.

'그는 평생 자신의 꿈을 좇으며 살았다'처럼 쓰이죠. 이때

'좇다'는 꿈이라는 보이지 않는 목표를 이루기 위해 따라간다는 의미로 쓰였습니다. 마찬가지로 '유행을 좇다', '스승의 가르침을 좇다'처럼 유행이나 가르침 같은 개념적인 것을 따를 때도 '좇다'를 써야 바른 표현이라고 할 수 있습니다.

정리하자면, '쫓다'는 실제로 움직이며 대상을 따라가거나 내쫓는 것', '좇다'는 '보이지 않는 것, 꿈, 가르침, 유행 등을 따라가거나 추구하는'이라고 기억하면 됩니다.

요약

'쫓다'는 실제로 움직여 대상을 따라가거나 내쫓는 것.
'좇다'는 보이지 않는 꿈, 가치, 가르침 등을 따라가거나 추구하는 것.

이렇게 쓰기

⋯▸ 도둑이 경찰에게 쫓기고 있다.
⋯▸ 명예를 좇는 젊은이.

03

로서 와 로써

'로서'와 '로써'는 뜻과 쓰임이 명확히 구분되는 조사입니다. 형태와 발음이 비슷해 어렵게 느끼는 경우가 많은데 생각보다 쉽게 구분할 수 있습니다.

'**로서**'부터 자세히 짚어볼까요. **지위나 신분, 자격을 나타내는 조사**로 '선배로서 한마디 하지!', '교사로서 해야 할 일이다', '딸로서 부족함 없이 사랑을 받았다', '자식으로서 해야 할 도리다'처럼 쓰입니다. 이때 받침이 없는 단어나 'ㄹ' 받침으로 끝나는 단어 뒤에는 '로서'가 오고, 'ㄹ' 외에 다른 받침이 있는 단어 뒤엔 '으로서'가 붙습니다.

그럼 '로써'의 쓰임도 살펴볼까요? '**로써**'는 **도구, 수단 등을 나타내거나 어떤 일의 기준이 되는 시간의 의미로** 사용합니다. '그림으로써 마음의 병을 치유한다', '좋은 물건으로써 고객을 모았다', '오늘 행사는 이로써 5회를 맞이했습니다', '이곳으로 이사 온 지 올해로써 10년이 된다'처럼 쓰이죠.

아직 헷갈리시나요? 그렇다면 '로서'와 '로써'를 쉽게 구별

하는 방법도 알려드리겠습니다. '~을/를 가지고'나 '~을/를 사용해서'를 넣었을 때 말이 되면 '로써', 어색하면 '로서'라고 판단하면 됩니다. '그림을 사용해서 마음의 병을 치유한다' 어색하지 않죠. '로써'를 쓰면 됩니다. '자식을 가지고/사용해서 해야 할 도리다' 말이 안 되죠. '자식으로서'가 맞습니다.

요약

'로서'는 지위, 신분, 자격.
'로써'는 도구나 수단.

이렇게 쓰기

⋯ 회사 대표로서 책임을 지다.
⋯ 밀가루로써 빵을 만들다.

04

좋은 주말 되세요

이 대리

- 오늘도 고생하셨습니다. **좋은 주말 되세요!**

- 저보고 '좋은 주말'이 되라고요?

- 무슨 말씀이세요? 아무튼 편안한 금요일 밤 **되시고요~**

- '편안한 금요일 밤'도 되라고요??

휴가를 맞아 가족과 해외여행을 떠날 때였어요. 어렵게 낸 휴가에 들뜬 마음을 안고 공항으로 향했죠. 그런데 비행기에 탑승할 때 승무원의 상냥한 말 한마디가 귓전을 울렸습니다. "즐거운 여행 되십시오." 매우 감사했지만 아쉬움도 컸습니다. 의미가 분명한 표현이 아니었기 때문이죠.

상대방이 '즐거운 여행'이 될 수는 없습니다. 즐거운 여행을 '하는' 거겠죠. 상대방이 즐거운 여행을 하길 바라는 마음을 전할 때는 '즐거운 여행 하세요', '즐거운 여행 하시길 바랄게요' 정도로 얘기하는 게 좋겠습니다.

같은 맥락에서 주말을 앞두고 주고받는 인사, '좋은 주말 되세요', 식당에서 음식이 나온 후 손님에게 하는 말, '좋은 시간 되세요'도 다시 생각해 봐야 합니다. 상대가 좋은 주말, 좋은 시간을 누리는 거지 좋은 주말이나 좋은 시간 그 자체가 될 수는 없죠. '좋은 주말을 보내다', '좋은 시간을 보내다'가 바른 표현입니다. 앞으로 이런 인사를 건넬 때는 '좋은 주말 보내세요', '좋은 하루 보내세요'로 바르게 표현해 보세요.

요약

사람이 즐거운 시간, 좋은 하루 그 자체가 '될' 수 없습니다.
즐거운 시간, 좋은 하루를 **'보내길'** 바라는 마음이죠.

이렇게 쓰기

⋯▸ 편안한 밤 보내시기 바랍니다.
⋯▸ 즐거운 여행 하시길 바라요.
⋯▸ 좋은 하루 보내세요.

05

붉으락푸르락 과 울그락붉으락

이게 무슨 말장난인가 싶으시죠. 당연히 '울그락붉으락'이 아닌가 싶으실 텐데, 아닙니다. 그럼 '울그락불그락'이라고 생각하실 테죠. 아쉽지만 그것도 아닙니다. **'몹시 화가 나거나 흥분하여 얼굴빛 따위가 붉게 또는 푸르게 변하는 모양'**을 나타내는 표준어는 **'붉으락푸르락'**이에요. 이게 무슨 청천벽력 같은 소리인지! 그동안 수도 없이 '울그락붉으락'을 써왔는데, 그렇게 수많은 사람이 '울그락불그락'을 사용했는데, 틀린 표현이라니….

  '울그락붉으락'이냐, '울그락불그락'이냐, 맞춤법을 고민하셨던 적은 있을 텐데, 이 단어 자체가 표준어가 아니라니. 저도 처음 알았을 땐 깜짝 놀랐어요. 그래서 왜 이렇게 잘못된 표현이 널리 쓰이고 있을까 생각해 봤습니다. 아마도 '울긋불긋하다'에서 나오지 않았을까 하는 추정이 나오더군요. 여러 가지 빛깔이 한데 뒤섞인 모양을 뜻하는 '울긋불긋'에서 '울그락붉으락'까지 탄생한 게 아닐까 싶어요. 하지만 얼굴빛이 변할 땐 '붉으락푸르락'을 씁니다.

참고로 반대로 표현한 '푸르락붉으락'은 비표준어입니다. 표준어 규정 제25항에 따르면 '붉으락푸르락'이 압도적으로 더 많이 쓰여서 그 단어만 표준어로 삼았다고 합니다. '붉으락푸르락'만 외워두시면 되겠습니다.

쉽게 기억하기

헐크를 떠올려 볼까요? 화가 나면 인간에서 헐크로 변하죠. 너무 화가 나서 얼굴이 **붉**어지다 못해 **푸르**게 질린 모습, '**붉**으락**푸르**락'!

이렇게 쓰기

⋯▸ 얼굴이 붉으락푸르락 달아올랐다.
⋯▸ 영화 속 주인공 얼굴이 붉으락푸르락했다.
⋯▸ 배신감에 얼굴이 붉으락푸르락하면서 소리쳤다.

06

핼쑥하다 와 **핼쓱하다**

> 진아
>
> 선배! 얼굴이 **핼쓱하더라**.
> 공부하느라 많이 힘들지?
>
> 어제 공부한 게 나오네.
> 핼쓱이 아니라 **핼쑥**!

이 선배, 우리말 맞춤법 공부 하나는 정말 열심히 하나 봅니다. 야위어 보여서 걱정하는 사람에게 맞춤법 지적이라니. 인간미는 없지만 하나 배웠다는 건 인정할 수밖에 없네요.

일상 대화에서 흔히 '얼굴이 핼쓱해졌다', '며칠 만에 핼쓱한 얼굴로 나타났다'라는 표현을 사용하는데요. 이는 표준어가 아닙니다. 표준어는 **'핼쑥하다'**입니다. **'얼굴에 핏기가 없고 파리하다'**를 뜻하는 형용사입니다.

비슷한 뜻으로 '해쓱하다'가 있습니다. '핼쑥하다'와 '해쓱하다' 둘 다 사용이 가능하고 뜻풀이도 거의 같아요. 아무래도 비표준어인 '핼쓱하다'는 '핼쑥하다'와 '해쓱하다'가 섞인 표현인 듯합니다. 발음이 비슷해 '핼쑥'의 '핼'과 '해쓱'의 '쓱'이 합쳐져 '핼쓱'이 탄생한 게 아닌가 싶어요. 바른 표현은 '핼쑥하다'와 '해쓱하다'라는 거 기억하시면 좋겠습니다.

쉽게 기억하기

얼굴 살이 쑥 빠져서 '핼쑥하다'!

이렇게 쓰기

⋯→ 언니는 핼쑥한 얼굴로 힘없이 나를 불렀다.
⋯→ 체중 감량으로 해쓱해진 얼굴이 마음에 든다.

특보

이 정도만 알아도 좋은 '발음 상식'

홀대는 [홀때]

"지역사회 홀대라는 논란이 제기됩니다." 뉴스를 시청할 때 '홀대'라는 단어가 종종 들립니다. 그런데 뉴스 진행자가 '홀대'를 어떻게 발음하는지 주의 깊게 들어보셨나요?

정확한 발음으로 전달했다면 [홀때]라고 들리셨을 겁니다. [홀대]라고 발음해야 하는데 진행자가 [홀때]라고 잘못 소리 낸 걸까요? 그렇지 않습니다. '홀대'의 정확한 발음은 [홀때]가 맞습니다.

된소리되기 현상 중 하나로, 한자어에서 'ㄹ' 받침 다음에 'ㄷ, ㅅ, ㅈ'의 예사소리가 올 경우 'ㄸ, ㅆ, ㅉ'으로 된소리로 발음해야 해요. '갈등[갈뜽], 몰상식[몰쌍식], 발전[발쩐]'처럼 말이죠. 모두 받침이 'ㄹ'로 끝났고 뒤에 'ㄷ, ㅅ, ㅈ'의 예사소리가 붙어 있죠. 이럴 땐 된소리로 소리가 납니다.

머리숱이는 [머리수치]

"머리숱이 많아서 참 좋겠어요", "이제 작업 끝인 줄 알았는데, 그 끝은 없었습니다." 앞 문장에서 '머리숱이', '끝인 줄', '끝은', 어떻게 발음해야 할까요? 혹시 [머리수시], [끄신 줄], [끄츤]이라고 소리 내진 않으셨나요?

우리말 음운 현상 중 구개음화라는 게 있습니다. 많이 들어보셨을 텐데요. 어떤 단어의 끝소리가 'ㄷ'이나 'ㅌ'일 때 모음 'ㅣ'로 시작되는 형식형태소(조사, 어미 따위)를 만나면 'ㅈ'이나 'ㅊ' 소리로 바뀌는 현상입니다.

가장 대표적인 예시가 '같이'예요. 쓸 때는 '같이'라고 쓰지만 'ㅌ'과 모음 'ㅣ'가 만나 발음은 [가치]가 되죠. '굳이'는 [구지], '맏이'는 [마지], '해돋이'는 [해도지]로 발음하는 것들이 모두 구개음화에 속합니다.

그럼 '머리숱이'는 어떻게 발음할까요? [머리수치]로 소리 내야 합니다. '끝인 줄'은 '끝이'가 [끄치]로 발음되니 [끄친 줄]이라고 소리 내는 거죠. 그럼 ㄴ 뒤에 '끝은'도 [끄츤]이라고 발음해야 할까요? 아닙니다. 끝소리 'ㅌ'이 모음 'ㅣ'와 만난 게 아니죠. 연음해서 [끄튼]이라고 발음합니다.

구개음화 변신 공식을 알려드립니다!
ㄷ + 이 → ㅈ + 이
ㅌ + 이 → ㅊ + 이

'ㅣ'로 시작하는 형식형태소가 올 때만 구개음화가 일어납니다.

같이 [가치]	같은 [가튼]
끝이 [끄치]	끝은 [끄튼]
머리숱이 [머리수치]	머리숱을 [머리수틀]
밭이 [바치]	밭에 [바테]
밥솥이 [밥쏘치]	밥솥을 [밥쏘틀]

07

껍질 과 껍데기

'귤 껍데기가 틀렸다고?' 놀라신 분들도 있을 텐데요. 그렇다고 '껍데기'를 쓰면 안 된다는 건 아닙니다. '껍질'과 '껍데기'는 둘 다 쓸 수 있지만, 뜻에 차이가 있어서 구분해서 써야 해요.

먼저 **'껍질'은 물체의 겉을 싸고 있는 단단하지 않은 물질**을 뜻합니다. 딱딱하지 않고 질긴 형태의 물질인 거죠. 양파나 사과, 귤처럼 물체를 싸고 있는 무른 물질은 '껍질'이고요. **'껍데기'는 달걀이나 조개 따위의 겉을 싸고 있는 단단한 물질**을 일컬어요. 겉면이 딱딱한 물질입니다. 그래서 '달걀 껍데기', '조개껍데기', '굴 껍데기'라고 표현해요.

명확히 구분하실 수 있겠죠? 그럼 여기서 또 한 걸음 더 들어가 볼까요? 탱글탱글 쫀득한 식감에 고소하고 양념의 감칠맛이 좋아 마니아층이 많은 '돼지 껍데기'! 드셔보신 분은 아시겠지만, 불에 굽기 전 돼지의 껍질은 전혀 단단하지 않죠. 흐물거리고 다소 질긴 형태입니다. 따라서 '껍데기'가 아닌 '껍질'이 더 적절한 표현입니다. 하지만 '돼지 껍데기'가 너무 익숙해서일까요? '돼지 껍질'은 뭔가 그 음식만의 맛과 느낌이 잘 와 닿지 않는 듯합니다. 그래도 차이는 구분할 수 있어야 맞춤법 고수라고 할 수 있겠죠?

요약

단단하고 딱딱한 물질이면 **'껍데기'**.
단단하지 않고 질긴 물질이면 **'껍질'**.

더 나아가기

'껍데기'는 '알맹이를 빼나고 겉에 남은 물건'이란 뜻도 있습니다.
겉을 덮은 물건을 의미해요.
⋯➤ 이불 껍데기
⋯➤ 베개 껍데기

이렇게 쓰기

⋯▸ 달걀 껍데기는 잘 벗겨야 한다.
⋯▸ 게임 캐릭터가 바나나 껍질을 밟고 넘어졌다.
⋯▸ 사과는 껍질째 먹는 게 좋다더라.

08

파투 와 파토

> 진아
>
> 주말에 한 소개팅 어땠어?
>
> 그 사람이 일 생겼대서 못 만났어. 갑자기 **파토**를 내면 어떡하냐고 따졌어.
>
> 황당하네! 근데 '파토'라고 써서 보낸 거야…?

참 황당한 상황이네요. 약속은 다 잡아 놓고 갑자기 취소라니! 그런데 흥분해서 문자 메시지 보내다 창피를 당하지 않게 조심해야겠습니다.

'파토'는 표준어가 아닙니다. 표준어는 '파투'예요. '파투'가 많이 생소하게 느껴지실 수도 있겠습니다. 이 단어는 화투 놀이에서 비롯된 말입니다. '화투판이 무효가 됨. 또는 그렇게 되게 함'을 의미하는 말이에요. 화투 놀이를 할 때 화투 장수가 부족하거나 순서 등이 뒤바뀌어 그 판이 무효가 될 때가 있죠. 그럼 판을 다시 돌려야 해 판이 깨졌다는 뜻의 '파투'를 쓴 겁니다.

이 단어가 점차 비유적으로 쓰여 일이 흐지부지되거나 무효가 됐을 때 쓰게 된 거죠. 표준국어대사전에서도 **'파토'는 '파투'의 잘못된 표현**이라고 안내하고 있습니다. 따라서 '일이 파투 나다', '상대가 파투 냈다'처럼 써야 합니다.

쉽게 기억하기 위해 '파국'과 함께 기억해 볼까요? 이 단어는 드라마 〈도깨비〉에서 "파~국이다"라는 대사로 알려지면서 많이들 잘 알고 계실 텐더요. '파국'과 '파투'. 모두 모음 'ㅜ'가 들어간다고 기억하시면 잊어버리지 않을 겁니다.

쉽게 기억하기

'파국'을 같이 떠올려 보세요. '파**국**'과 '파**투**', 모두 모음 '**ㅜ**'가 쓰입니다.

이렇게 쓰기

⋯▶ 친구들과의 여행이 포-투 났다.
⋯▶ 왜 자꾸 약속 직전에 과투를 놓는 거야?

09

메슥거리다 와 미식거리다

미식거리네요.

 작성자

얼큰한 음식 뭐가 있을까요?
속 좀 풀고 싶어요.
아침부터 아무것도 못 먹었어요.

↳ 댓글
속이 **메슥**거릴 땐 병원부터 가세요.

'미식거리다', '메식거리다', '메슥거리다', '매슥거리다'. 어떤 게 맞는 말인지 참 헷갈립니다. 보통 '속이 미식거리다', '메식거리는 속'이라고 많이 얘기하죠. 또 인터넷 게시글에서 '속 미식거림 해결 방법', '속 메식대는 원인' 같은 문구를 접하기도 하는데요. '미식거리다', '메식거리다'는 모두 표준어가 아닙니다. 바른 표현은 '메슥거리다'예요.

실제로 '미식미식'이라는 단어가 있어서 더 혼동하는 경우가 많은 듯합니다. '끊어질 듯이 자꾸 이어지는 모양'을 뜻하는 부사로 '미식미식'이 있는데요. 이 단어의 연장선에서 '미식미식하다'라는 표현이 구어체에서 사용되면서 혼동이 가중된 건 아닌가 싶습니다. 거기에 '메슥거리다'의 '메'까지 섞여 '메식거리다'까지 변형된 거죠.

하지만 **속이 울렁거리는 상태를 정확하게 표현하기 위해서는 '메슥거리다'를 사용해야 합니다.**

여기서 한 가지 더! ㅏ', 'ㅣ'의 '매슥거리다'는 어떨까요? 당황하지 마세요. '매슥거리다'도 사용할 수 있습니다. '메슥거리다', '매슥거리다' 모두 표준어예요. '메슥대다', '매슥대다'로도 표현할 수 있습니다.

 안 그래도 헷갈리는데 하나하나 풀어서 이해하려니 갑자기 속이 메슥거리는 것 같죠? 이번에 딱 한 번 정리하고 외워두면 속이 시원해질 겁니다. 이렇게 외워보세요. 속이 울렁거릴 때 쓰는 비슷한 표현, '메스껍다'를 떠올려 보세요. **'메스껍다'**, **'메슥'과 '매슥'**!

쉽게 기억하기

'메스껍다'와 연관 지어보세요.
속이 울렁거릴 땐 '**메스껍다**', '**메슥거리다**'.

이렇게 쓰기

···▶ 속이 메슥거려서 누워만 있었다.
···▶ 못 타는 놀이기구를 탔더니 속이 매슥거린다.

맞히다 와 맞추다

요즘 예능 프로그램에서 게임할 때 퀴즈를 정말 많이 풀죠. 특히 유명 인물의 사진을 보여주고 3초 안에 이름을 얘기해야 하는 인물 퀴즈를 진행하는 경우가 많습니다. 보다 보면 저도 같이 몰입해서 풀게 되거라고요. 가족이나 친구들과 집에서 편하게 풀어보면 저걸 왜 틀리냐며 탄식하는 상황이 매번 벌어집니다.

  한번은 제가 좋아하는 가수 사진이 문제로 나왔는데, 출연자가 머뭇거리더니 이름을 얘기하지 못하더라고요. 심지어 그 출연자와 사진 속 가수는 친분이 있었는데도 말이죠. 저도 모르게 흥분해서 "어떻게 민규를 틀려!"라고 외쳤더니, 친구가 옆에서 "나도 모르겠는데? 못 맞출 수도 있지"라는 거예요. 두 번 속이 상했습니다. 우선 친구가 그 가수를 알아보지 못했다는 사실에 마음이 아팠고, 두 번째로는 단어를 잘못 사용해서 허탈하더라고요.

  정말 실수가 많은 '맞추다'와 '맞히다'. 뜻이 달라 꼭 구분해서 사용해야 하는 단어입니다. **'문제에 대한 답을 틀리지 않게 하다'를 뜻할 땐 '맞히다'**를 써야 합니다. '맞히다'는 '맞게 하다', '적중하다'를 의미해요. '정답을 맞히다', '과녁을 맞히다', '인물 퀴즈의 답을 맞혔다'처럼 씁니다. 발음할 땐 [마치다], [마첟따] 로 합니다.

'맞추다'는 '서로 떨어져 있는 것을 제자리에 맞게 붙이다', '서로 어긋남 없이 조화를 이루다'라는 뜻입니다. '똑바르게 하다', '비교하고 조정하다'를 의미하는 거죠. '줄을 맞추어 가다', '의견을 맞추다', '말을 맞추다'처럼 씁니다. 발음은 [맏추다], [맏추어] 로 합니다. 이제 확실히 구분해서 쓸 수 있겠죠?

나중에 친구들과 인물 퀴즈를 하게 된다면 제가 좋아하는 인물은 꼭 맞혔으면 좋겠네요.

요약

'맞히다' 는 정답을 맞히는 것.
'맞추다' 는 서로 떨어져 있는 것을 비교하고 조정하는 것.

더 나아가기

'맞히다'의 발음은 [마치다]로 '마치다'와 같습니다.
'마치다'는 '끝나거나 끝내다'의 뜻인 거 모두 아실 테니 이만 줄일게요!

이렇게 쓰기

⋯➤ 문제의 답을 맞혀서 상품을 꼭 탈 거다.
⋯➤ 과녁을 맞히는 건 쉽지 않다.
⋯➤ 하루 종일 퍼즐 조각만 맞추고 있다.
⋯➤ 서로 말을 맞추는 게 쉽지 않다.

11

정확하다 와 적확하다

태윤

오늘 강의 내용 이해됐어?
강사님이 **적확한** 예시라도
설명해 주셨으면 좋았을 텐데.

그러게, 어렵더라. 근데 적확?
정확한 예시 말하는 거지?

어떤 상황이 이해되지 않아 흥분할 때가 있죠. 어떻게 그럴 수 있는지, 납득할 만한 적절한 이유를 찾고 싶어 답답한 상황입니다. 이때 사용된 '적확하다'와 '정확하다'. 받침 하나 차이 나는 이 두 단어. 발음을 잘못한 게 아니고요. 오타도 아닌 둘 다 사용할 수 있는 표현입니다. 똑같은 뜻이 아닌가 하실 수도 있는데, 의미가 조금 달라요.

먼저 일상에서 자주 사용하는 '정확하다'의 뜻부터 짚어보겠습니다. **'정확하다'는 '바르고 확실하다'는 뜻**을 지니고 있어요. '정확한 자세', '정확한 발음', '정확한 판정'과 같이 쓰여 '바르다'는 의미가 담겨 있죠.

'적확하다'는 '정확하게 맞아 조금도 틀리지 아니하다'를 뜻해요. 딱 들어맞는다는 걸 의미합니다. '적확한 표현', '적확한 근거', '적확한 이유'처럼 쓰여 틀림없이 딱 들어맞는 표현이나 근거, 적절한 이유를 뜻할 때 사용됩니다.

그래서 '정확한 표현'과 '적확한 표현'은 둘 다 맞는 표현이지만 뜻이 조금 다른 거죠. '정확한 표현'은 바르고 확실한 표현을, '적확한 표현'은 꼭 들어맞는 표현을 뜻합니다. 이제 문맥에 맞게 사용하실 수 있겠죠?

요약

'정확하다' 바르고 확실하다는 뜻으로 '바를 정正'이 쓰임.
'적확하다' 조금도 틀리지 아니하다는 뜻으로 '과녁 적的'이 쓰임.

이렇게 쓰기

⋯ 이 시계는 정확하지 않다.
⋯ 증거가 적확해야 한다.

12

| 덩굴 | 과 | 덩쿨 |
| 넝쿨 | 과 | 넝굴 |

우리가 뜻밖에 좋은 물건을 얻거나 행운을 만났을 때 쓰는 말이죠. 호박이 덩쿨째 굴러떨어졌다고 하는데, '덩쿨'이라고 하는 경우도 있고 '덩굴'이라고 하는 경우도 있습니다. 또 10여 년 전, 시청률 40퍼센트대를 기록했을 정도로 인기 있었던 KBS 드라마의 제목을 떠올려 보면 〈넝쿨째 굴러온 당신〉이기도 합니다. '넝쿨'도 등장하네요?

'넝쿨', '넝굴', '덩굴', '덩쿨'. '넝', '덩', '굴', '쿨'? 말장난 같기도 하고 보면 볼수록 헷갈리는 이 단어. 어떤 게 맞고 어떤 게 틀린 걸까요? 다 맞는 거 같다고요? 안타깝게도 그렇지 않습니다.

우선 표준국어대사전에 등재된 속담을 보면 정확한 표현은 '호박이 넝쿨째로 굴러떨어졌다'입니다. 넝쿨은 '길게 뻗어 나가면서 다른 물건을 감기도 하고 땅바닥에 퍼지기도 하는 식물의 줄기'를 뜻해요. 같은 의미로 '덩굴'도 표준어입니다. 하지만 '넝굴'과 '덩쿨'은 표준어로 인정되지 않았습니다. '넝쿨'과 '덩굴'이 널리 쓰여 표준어가 됐다고 해요. '넝', '덩', '굴', '쿨' 각각의 조합 중 '넝쿨'과 '덩굴'만 표준어라니, 당황스럽기도 하네요. '넝굴'과 '넝쿨' 중엔 '넝쿨'이, '덩굴'과 '덩쿨' 중엔 '덩굴'이 표준어입니다. 발음이 비슷하니 주의하셔야겠습니다.

쉽게 기억하기

속담으로 기억하세요. '호박이 **넝쿨**째로 굴러떨어졌다'!

이렇게 쓰기

⋯ 호박 넝쿨, 딸기 덩굴.
⋯ 뒤엉킨 수박 덩굴 더미를 뒤적거리다.

13

한창 과 한참

> **엄마**
>
> 너 좋아하는 갈비랑 잡채 해놨어. 일찍 들어와.
>
> 오늘 저녁엔 닭 가슴살 먹을게요. 애들이 저보고 살쪘대요.
>
> 살이 찌긴. 너처럼 **한참** 클 때는 잘 먹어야 해!

정말 익숙한 대화 아닌가요? 체중 조절을 한다는 핑계로 밥을 먹지 않겠다는 아이와 하나라도 더 먹이고 싶은 엄마의 팽팽한 기싸움. 이렇게 실랑이를 벌이다 결국 엄마의 "됐어, 먹지 마! 배고프다고 하기만 해봐!" 이런 엄마의 호통으로 상황이 종료되곤 하죠. 그런데 대화에서 쓰인 '한참'이란 단어, 뭔가 어색함을 느끼진 못하셨나요?

'한참'은 형태가 비슷한 '한창'과 헷갈려 잘못 쓰는 경우가 많습니다. **'한참'은 시간이 상당히 지나거나 어떠한 사건이 오래 지속될 때 쓰여요.** '한참 동안 기다리다', '차이를 한참 설명하다', '한참 실랑이가 벌어졌다'처럼 씁니다.

이와 달리 **'한창'은 가장 활기 있고 왕성한 시기나 모양**을 뜻해요. '여름에 무더위가 한창이다', '가을엔 곳곳에서 축제가 한창이다', '그는 요즘 학교에서 한창 잘나간다'처럼 쓰여요. 오랜 시간 지속되느냐, 그 시기에 가장 왕성하고 활기가 있느냐의 차이인 거죠.

이제 앞에 엄마와 아이의 대화에서 잘못된 부분이 보이시죠? '너처럼 한참 클 때는 잘 먹어야 해'가 아닌 '한창 클 때는 잘 먹어야 해'로 쓰는 게 맞습니다.

요약

한참은 시간이 상당히 지나는 동안!
한창은 가장 활기 있고 왕성한 시기, 모양!

이렇게 쓰기

⋯▶ 어떤 말을 해야 할지 몰라 한참을 머뭇거렸다.
⋯▶ 저녁 시간대는 원래 한창 붐빌 시간이다.

14

흐리멍덩하다 와 흐리멍텅하다

○○월 ○○일 뉴스

배우 ○○○, 콤플렉스 있었다

○○○ 기자　　　　　　　　　♡ 12　　⋯ 15

영화에서 강렬한 눈빛 연기를 선보인 ○○○는 "두꺼운 안경을 오래 써서, 눈이 **흐리멍텅하다는** 얘기도 많이 들었어요"라며 콤플렉스를 밝히기도 했다.

인터넷 기사를 보던 중 한 단어가 눈에 띄었습니다. '흐리멍텅하다? 이게 표준어로 인정이 됐나?' 하는 의문에 바로 검색을 해봤죠. 여전히 표준어가 아니더군요. 흔히 '**정신이 흐리다, 판단이 분명하지 않다**'는 의미로 '흐리멍텅하다'를 많이 쓰는데요. '**흐리멍덩하다'가 표준어**입니다. 이렇게 가끔 기사나 미디어에서도 틀린 맞춤법이 발견됩니다.

'흐리멍텅하다'는 '흐리멍덩하다'의 북한어라고 합니다. 어쩌다 '흐리멍덩하다'가 아닌 '흐리멍텅하다'가 등장해 널리 잘못 쓰이고 있는 걸까요?

그 이유 중 하나가 '멍텅구리'라는 단어 때문이라는 주장이 있어요. 멍텅구리는 바닷물고기인 뚝지를 가리키는 말인데, 뚝지는 동작이 굼뜨고 느려서 사람이 잡으러 다가가도 도망가지 않는다고 해요. 그래서 '멍텅구리'는 미련하거나 둔하고 어리석은 사람을 놀림조로 이를 때 쓰입니다. 이 '멍텅구리'에 쓰인 '멍텅' 때문에 '흐리멍텅하다'는 말이 등장했고 익숙하게 쓰이는 게 아닐까 하는 추정도 있습니다.

이제 '흐리멍덩하다'가 표준어라는 사실을 확실히 알았으니 틀린 표현이 있을 때 바로잡아줄 수 있겠죠?

쉽게 기억하기

정신이 **흐려 멍**하게 **덩**그러니 혼자 앉아 있는 모습을 떠올려 보세요.

이렇게 쓰기

⋯▶ 정신이 흐리멍덩해 실수를 했다.
⋯▶ 일 처리가 흐리멍덩한 사람은 조에서 제외됐다.

15

치근덕거리다 와 **추근덕거리다**

> **동생**
>
> 언니! 뭐 해? 나랑 놀자.
>
> 나 오늘 바빠, 일 많아.
>
> 날씨도 좋은데 나가자, 나가자, 응?
>
> 왜 이렇게 **추근덕거려**~

누군가 귀찮게 굴 때 '추근덕거리다'와 '치근덕거리다' 중 어떤 표현을 사용하시나요? 이 두 가지 표현 중 바른 표현을 설명하기 위해선 '치근대다'와 '추근대다'를 먼저 살펴봐야 합니다.

먼저 **'치근대다'**는 **'성가실 정도로 은근히 자꾸 귀찮게 굴다'**를 뜻합니다. 찝쩍댄다는 의미를 지니고 있죠. 그럼 '추근대다'는 어떨까요? 혹시 틀린 표현이라고 생각하셨나요? **'추근대다'**도 쓸 수 있습니다. **'조금 성가실 정도로 은근히 자꾸 귀찮게 굴다'**라는 뜻을 지니고 있어요. 와, '치근대다'와 '추근대다'. 놀랍도록 거의 비슷한 뜻이네요.

원래 '추근대다'와 '추근거리다'는 비표준어였습니다. '치근대다'. '치근거리다'만 쓸 수 있었는데, 2011년 국립국어원에서 '추근대다'와 '추근거리다'도 표준어로 인정을 한 겁니다. 그래서 양쪽 다 사용할 수 있는 표현이 됐어요. 뜻풀이에 '조금'이란 단어 하나 차이만 있습니다. 그럼 '치근덕거리다'와 '추근덕거리다'도 모두 사용할 수 있는 표현이라고 자연스럽게 생각하실 텐데요. 여기서부터 머리가 아픕니다.

'치근덕거리다'는 표준국어대사전에 나와 있는데, '추근덕거리다'는 등재되지 않았습니다. 저도 조금 의아했습니다. 왜 '추근덕거리다'만 표준어가 아닌 건지. 하지만 이후에는 또 어떻게 변할지 모르겠습니다. 원래 비표준어였던 '추근대다'와 '추근거리다'가 표준어로 인정된 것처럼 나중에 '추근덕거리다'도 사전에 등재되는 날이 올 수도 있겠죠.

요약

치근대다(○) 추근대다(○)
치근덕거리다(○) 추근덕거리다(×)

이렇게 쓰기

⋯▸ 그의 치근덕거리는 태도에 모두가 불편해했다.
⋯▸ 피곤한데 옆 사람이 치근대서 잘 수가 없었다.
⋯▸ 자꾸 추근대는 사람 때문에 불쾌해졌다.

특보

이 정도만 알아도 좋은 '발음 상식'

고가高價는 [고까] / 고가高架는 [고가]

'고가의 통행료를 내야 하는 고가도로' 이 문장에서 앞에 쓰인 '고가'와 뒤에 쓰인 '고가'가 다른 뜻이란 건 물론 잘 아시겠죠. 앞에 '고가'는 값이 비싸다는 의미로 '높을 고高'에 '값 가價'를 씁니다. 뒤에 '고가'는 높이 건너질러 가설하는 것을 뜻하며 '높을 고高'에 '시렁 가架'를 써요.

값이 비싸다는 의미의 '고가'는 [고까]로, 높이 건너질러 가설하는 구조물을 뜻하는 '고가'는 [고가]로 발음해야 합니다. 쓸 때는 모두 '고가'로 쓰지만 발음할 땐 사용된 뜻에 따라 [고까]와 [고가]로 구분해야 하는 거죠.

고가(값이 비싼) ⇨ 된소리로 됨 ⇨ [고까]
고가(고가 도로) ⇨ 된소리 안 됨 ⇨ [고가]

참고로 '고가 도로'는 붙여쓰기도 허용돼 '고가 도로', '고가도로' 모두 쓸 수 있습니다.

결막염은 [결망념] / 장염은 [장ː념] / 간염은 [가ː념]

참 무서운 염증! 신체 어느 기관에 염증이 생기는지에 따라 부르는 명칭이 다르죠. 결막에 생기는 염증은 '결막염', 장에 생기는 염증은 '장염', 간에 생기는 각종 염증은 '간염'이라고 칭합니다. 그런데 이 단어들 발음은 어떻게 해야 하는지 생각해 보신 적 있나요? 모두 연음해서 [결마겸], [장염], [가념]으로 발음하는 거 아닌가 생각하실 텐데, 일부는 맞고 일부는 틀립니다.

표준발음법에는 합성어나 파생어의 경우, 앞 단어나 접두사의 끝이 자음이고, 뒤 단어나 접미사의 첫 음절이 이, 야, 여, 요, 유인 경우에는 'ㄴ'을 첨가하며 [니, 냐, 녀, 뇨, 뉴]로 발음한다고 되어 있습니다. '결막염', '장염', '간염' 모두 장기 이름에 '염'자가 합쳐진 합성어인데요. 그렇기 때문에 'ㄴ' 첨가가 적용돼 **[결망념], [장ː념]**으로 발음해야 합니다. 그런데 **'간염'**은 예외예요. '간염'은 그대로 연음해 **[가ː념]**이라고 발음합니다. 왜 '간염'에는 'ㄴ' 첨가가 일어나지 않을까요?

국립국어원 온라인 답변에 따르면 모든 환경에 'ㄴ' 첨가가 적용되는 건 아니며, 관습적 발음 방식에 따라 다르게 실현될 수 있어서라고 합니다. 즉 말 그대로 예외라는 거죠. 머리 아프지만 '간염'의 표준 발음이 바뀌지 않는 이상 따로 외우는 수밖에 없는 듯합니다.

[결망념], [장ː념], [가ː녇]! 쉽게 기억하실 수 있겠죠?

창고는 그대로 [창고]

"어제 오후, 경기도의 한 냉동창고에서 불이 나 작업자들이 긴급 대피했습니다." 뉴스에서 사건, 사고 소식을 다룰 때 종종 들리는 문장이죠. 여기서 '냉동창고'를 어떻게 소리 내야 할까요?

흔히 '창고'를 [창꼬]라고 발음하는데 이는 틀린 발음입니다. 표준 발음은 [창고]가 맞습니다. 우리말은 예사소리가 된소리로 바뀌어 발음되는 '된소리되기 현상'이 있습니다. 앞서 소개한 '홀대'도 [홀때]로 발음되며 된소리로 바뀌어 소리 나는 경우 중 하나인데요. 이 현상이 일어나기 위한 조건이 몇 가지 있습니다.

- 음절의 끝소리 'ㄱ, ㄷ, ㅂ' 뒤에 예사소리 'ㄱ, ㄷ, ㅂ, ㅅ, ㅈ'이 결합될 때
  ⇨ 국밥[국빱], 뻗대다[뻗때다], 곱돌[곱똘]

- 어간 받침 'ㄴ, ㅁ' 뒤에 어미의 첫소리가 'ㄱ, ㄷ, ㅅ, ㅈ'이 결합될 때
  ⇨ 신다[신:따], 넘다[넘:따], 삼고[삼:꼬]

· 한자어에서 'ㄹ' 받침 뒤에 'ㄷ, ㅅ, ㅈ'이 올 때
  ⇨ 갈등[갈뜽], 홀대[홀때], 실수[실쑤]

이 외에도 여러 유형이 있는데, 된소리로 바뀌어 소리가 나는 단어들은 이렇게 특정한 조건을 갖춰야 음운 변동이 일어납니다. 그런데 '창고'는 이에 속하는 조건이 없습니다. 그렇기 때문에 된소리로 바뀌어야 할 이우가 없는 거죠. '냉장고'를 [냉짱고]라고 하지 않고 '광고'를 [광꼬]라고 하지 않고 '장고'를 [장꼬]라고 하지 않는 것처럼 말이죠. '창고'도 [창고]라고 발음해야 합니다.

16

엔간하다 와 엥간하다

태윤

엥간해서는 그 문제 못 풀듯.

그래? 내가 풀어볼까?

괜히 기운 빼지 마.
엥간해선 안 풀릴 거야.

아니, 왜 자꾸 '엥엥'거리는 거야.

'엔간하다'와 '엥간하다'. 발음이 참 비슷해 혼동해서 사용하는경우가 많은데요. 바른 표현은 '엔간하다'입니다. '엔간하다'는 지금은 많이 쓰이지 않는 '어연간하다'에서 온 말이에요. '대중으로 보아 정도가 표준에 꽤 가깝다'는 뜻으로 '어지간하다', '웬만하다'와 비슷한 의미를 지닌 단어예요. 이 '어연간하다'가 줄어들어 '엔간하다'가 된 거죠.

'엔간하다'의 'ㄴ' 받침은 울림소리인데요. 비음에 속해요. 직접 소리를 내보시면 '엔'을 발음할 때 코가 울릴 거예요. 'ㅇ'도 마찬가집니다. 같은 비음인데요. 이 '엔'이 같은 울림소리 중 비음에 속하는 'ㅇ'으르 변형돼 '엥'으로 발음하거나 그렇게 듣는 경우가 많은 듯합니다. 그래서 '엥간하다'로 잘못 사용하게 된 거죠. 바른 표현은 **'엔간하다'로 발음도 'ㄴ'을 살려 [엔간하다]**로 소리 내야 합니다.

또 잘못 사용하는 사례로, '엔간하다'와 '웬만하다'가 섞인 '웬간하다'가 있습니다. 역시 표준어가 아닙니다. 마구 뒤섞지 말고 **'엔간하다', '웬만하다', '어지간하다'만 사용**하시면 됩니다.

요약

'엔간하다'는 '어연간하다'에서 온 말! **'ㄴ'** 받침을 기억하기!

이렇게 쓰기

···▶ 그 녀석 엔간해서는 말을 듣지 않을 것이다.

···▶ 엔간한 일이면 내가 자네에게 이렇게 말하지 않네.

사달이 나다 와 사단이 나다

'사고나 탈이 나다'의 의미로 '사단이 나다'라는 표현 많이 쓰이죠. 바른 표현은 '사달이 나다'예요. 정말 익숙하지 않은 표현이죠. 그만큼 '사단이 나다'라는 잘못된 표현을 더 많이 쓰고 있습니다.

'사단'은 '사건의 단서. 또는 일의 실마리'를 뜻하는 단어예요. '사단을 찾았다', '사단을 구하다'처럼 '사건의 단서를 찾았다'는 의미나 **'일의 실마리를 구하다'**는 뜻으로 쓰이죠. 즉 '사단'은 문제의 시작이나 계기를 뜻하지만, 그 자체가 '사고나 탈'의 의미를 지니지는 않아요. 그래서 '사단'과 '나다'는 어울려 쓸 수 없습니다. '사건의 단서를 나다'?, '사건의 실마리를 나다'? 매우 어색하죠. 사고나 탈이 발생했을 때는 '사달이 나다'라고 써야 합니다. **사고나 탈을 뜻하는 명사 '사달'**이 들어가야 해요.

이렇게 기억해 보시죠. 사고가 나서 달달 떤다, '아이고, 사달 났네'!

요약

사고나 탈이 발생했을 때, 사단이 아닌 **사달!**

이렇게 쓰기

⋯▸ 일이 꺼림칙하게 되어 가더니만 결국 사달이 났다.
⋯▸ 애초에 모든 일의 사달이 그에게서 비롯되었다.

18

널따랗다 와 넓따랗다

< 　　　**부동산**　　　Q　≡

시세/실거래　매물　단지정보　이야기

매매 ▼　전체 면적 ▼　전체 동 ▼

매매 5억

○○동 아파트

넓찍하게 빠진 거실, 전망 좋음.

○○○ 공인중개사사무소

문의하기

매매 5억 2,000

△△동 아파트

○○ 부동산

매매 6억

부동산 앱이나 공간을 표현하는 글에서 이런 표현 본 적 있으신가요. '넓찍하게 빠진 거실', '넓따란 공간'.

'넓따랗다'와 '널따랗다'. 그리고 '넓찍하다'와 '널찍하다'. 둘 다 '넓다'에서 온 말이죠. 그래서 '넓'을 그대로 밝혀 적어야 한다고 생각하는 분이 많은데요. 어간 '넓-'이 접미사와 결합해서 어떻게 발음되는지를 먼저 살펴봐야 합니다.

한글 맞춤법 제21항에 따르면 용언의 어간 뒤에 자음으로 시작되는 접미사가 붙을 때 그 원형을 밝혀 적는 것이 원칙이나, 겹받침(ㄼ)의 끝소리가 드러나지 않는 경우 용언 어간의 원형을 밝혀 적지 않습니다.

'널다랗다'는 '넓-'에 '다랗다'가 붙어 어간 '넓-'의 'ㅂ' 소리가 사라지고 [널]로 발음합니다. [널따라타]로 발음하는 거죠. 마찬가지로 '널찍하다'도 [널찌카다]로 발음해요. 겹받침의 끝소리가 발음되지 않습니다. 그래서 **발음 그대로 '널따랗다', '널찍하다'로 써야 합니다**. '널따란 마당', '공간이 널따랗게 빠졌네', '거실이 널찍하다' '방이 널찍해서 좋다'처럼 소리 나는 대로 적으면 됩니다.

'짧다', '얇다'와 관련된 '짤따랗다', '얄따랗다'도 같은 경우입니다. 발음이 [짤따라타], [얄따라타]로 역시 겹받침(ㄼ)에서 끝소리 'ㅂ'이 드러나지 않죠. 소리 나는 그대로 '짤따랗다', '얄따랗다'로 씁니다. '짤막하다', '얄팍하다'도 [짤마카다], [얄파카다]로 발음되니 역시 같은 경우에 해당합니다.

여기서 좀 더 들어가 볼게요. 똑같이 '넓다'에서 온 '넙쩍하다'는 어떨까요? 발음은 [넙쩍]인데 이번에도 쓸 때 소리 나는 대로 적으면 될까요? 안 됩니다. '넓'의 'ㅂ' 겹받침 끝소리가 드러난 경우죠. [넙]으로 발음하는 경우이니 원형을 밝혀 적어야 합니다. 따라서 이때는 '넓적하다'로 쓰는 게 맞습니다.

요약

- '넓-'이 [널]로 소리 나면 발음 그대로.
  [널따라타], [널찌카다] ⇨ '널따랗다', '널찍하다'
- [넙]으로 소리 나면 원형 그대로.
  [넙쩌카다] ⇨ '넓적하다'

이렇게 쓰기

⋯▸ 널찍한 방에서 지내고 싶다.
⋯▸ 강아지가 널따란 마당에서 신나게 뛰논다.
⋯▸ 넓적한 이마가 빛이 난다.

19

바라요 와 바래요

> 태윤
>
> 잘 자~ 좋은 꿈 꾸길 **바래**.
>
> 바래? '**바라**'가 맞지 않아?

직업병이 있는 걸까요? 노래를 들을 때도 맞춤법이나 발음이 틀린 부분이 있으면 꼭 귀에 박히곤 해요. 물론 노래는 시적 허용이 가능한 경우가 있지만 많이들 틀리는 단어를 정확하게 쓴 노래를 들으면 참 반갑더라고요. 그 가수에 대한 호감도 급상승하고요.

어느 날 뉴스를 마쳐고 늦은 밤 퇴근길에 라디오를 듣는데 아이유의 〈밤편지〉가 흘러나왔어요. 가사가 참 좋다고 생각하며 듣는데, 마지막에 좋은 꿈이길 바란다는 소절에서 '바라요'가 나와서 정말 깜짝 놀랐어요.

많은 사람이 '바라도'를 '바래요'라고 잘못 쓰고 있습니다. 워낙 '바래요'가 많이 쓰이다 보니 저까지도 '바라요'가 어색하게 들릴 정도였거든요. 그런데 대중가요에 '바라요'를 쓰는 용기라니! 감탄할 수밖에 없었습니다.

어떤 일이 생각대로 이루어지길 기대할 때는 '바라다'가 바른 표현입니다. '바래다'는 '색이 바래다', '볕에 바래다'처럼 색이 변할 때나 빛깔을 희게 할 때 쓰이는 단어예요. 그렇기 때문에 마음으로 바랄 때는 '바라요, 바랍니다, 바랄게요, 바라'의 형태로 씁니다. 이 책을 통해 맞춤법 고수로 성장하시길 바랄게요.

요약

'바라다'! '라'가 변형되지 않아요.
'바래다'는 색이 변하거나 빛깔을 희게 할 때 쓰여요.

이렇게 쓰기

⋯ 행복하길 바라.
⋯ 건강하길 바랄게요.
⋯ 누렇게 바랜 종이.

퀴즈 나갑니다

1. 우리가 만난 지 벌써 5년이 됐다니. (믿겨지지/믿기지) 않네.
2. 그는 돈보다 명예를 (쫓아/좇아)왔다.
3. 내가 인생 선배(로서/로써) 한마디 하지!
4. 오늘도 좋은 하루 (되세요/보내세요).
5. 어찌나 화가 나던지, 얼굴이 (울그락붉으락/붉으락푸르락)해졌다니까!
6. 어디 아파? 얼굴이 많이 (핼쑥해졌네/핼쓱해졌네).
7. 달걀 (껍질/껍데기)는 일반 쓰레기로 버려야 한다.
8. 기다리던 약속이 갑자기 (파투/파토) 나서 속상하다.
9. 속이 (메슥거려서/미식거려서) 밥을 먹을 수가 없다.
10. 맞춤법 공부를 열심히 했지만, 문제를 (맞추기/맞히기)가 참 어렵다.
11. 법정에선 (정확한/적확한) 증거로 싸워야 한다.
12. 이 근처에 포도 (덩글/덩쿨)이 있다.
13. (한참/한창) 클 때는 골고루 많이 먹어야 한다.
14. 그렇게 (흐리멍텅한/흐리멍덩한) 정신으로 방송할 수 있겠어?
15. 안 그래도 더운데 와 이렇게 (치근덕거려/추근덕거려).
16. 이 녀석! (엥간해선/엔간해선) 말을 듣질 않아.
17. 불안하더니 결국 (사단이 났어/사달이 났어).

18 와, 이 집은 거실이 참 (널따랗다/넓따랗다).
19 그동안 고마웠어요. 행복하길 (바래요/바라요).

정답입니다~!
1 믿기지 **2** 좇아 **3** 로서 **4** 보내세요 **5** 붉으락푸르락 **6** 핼쑥해졌네 **7** 껍데기 **8** 파투
9 메슥거려서 **10** 맞히기 **11** 적확한 **12** 덩굴 **13** 한창 **14** 흐리멍덩한 **15** 치근덕거려
16 엔간해선 **17** 사달이 났어 **18** 널따랗다 **19** 바라요

오늘의 뉴스는 맞춤법입니다

제1판 1쇄 인쇄 2025년 12월 1일
제1판 1쇄 발행 2025년 12월 7일

지은이 박지원
펴낸이 나영광
책임편집 오수진
편집 정고은, 김영미
영업기획 박미애
디자인 정승현
일러스트 귀찮
감수 정상은

펴낸곳 크레타
출판등록 제2020-000064호
주소 경기도 고양시 덕양구 충초로 66 덕은리버워크 B동 1405호
전자우편 creta0521@naver.com
전화 02-338-1849
팩스 02-6280-1849
블로그 blog.naver.com/creta0521
인스타그램 @creta0521

ISBN 979-11-92742-58-8 03700

책값은 뒤표지에 있습니다.
잘못 만들어진 책은 구입하신 서점에서 바꿔드립니다.